Daniel SALESSE

« LE CHANT DE L'AIGLE »

***** JULIA

Du même auteur :

- La Dame de Bochart (2015)

- Le secret des oiseaux (2015)

- L'enfant de la lune (2015)

- Maison des solidarités (2016)

- Le chant de l'Aigle :

  * Martha (2016)

  ** Sonja (2016)

  *** Cornelia (2016)

  **** Herta (2016)

- La succession Von Gothel :

  * Des perles de sang pour le Diable (2016)

  ** L'anneau de Rhiannon (2016)

  *** Le diadème de Cassandre (2017)

Pour Catherine Hermary-Vieille, mon amie, qui, depuis les US me prodigue de fabuleux conseils. Avec amitié...

« J'ai mes pensées… »

Derniers mots de Joana Bormann, gardienne SS, avant son exécution par pendaison.

AVANT-PROPOS

Ce livre est inspiré de faits réels. L'auteur s'est basé sur les minutes du procès de Bergen-Belsen (1945) ainsi que sur de véritables témoignages audios et vidéos pour l'écrire.

Seuls les personnages anglais de l'accusation et certains dialogues sont imaginés par l'auteur.

Quelques *Aufseherinnen*...

Dernier rang :   Aufseherin Irene Haschke
Second rang :   Aufseherin Herta Bothe
Premier rang :   Lagerfuhrerin (en remplacement de
                   Volkenrath) Herta Elhert, Aufseherin
                   Joana Borman, Lagerfuhrerin
                   Elisabeth Volkenrath

De gauche à droite :   Aufseherinnen Charlotte Klein
et Hilde Liesewitz, inconnue,
inconnue, Lagerfuhrerinnen
Herta Ehlert et Elisabeth
Volkenrath.

GROUND PHOTO RECCE UNIT.
KINEMA BRANCH. H.Q. 2ᵈ ARMY

De gauche à droite : Aufseherinnen Inconnue, Inconnue,
Joanna Borman, Gertrud Fiest, Gertrud Sauer et Ida
Forster.

Aufseherin Irma Grese

PROLOGUE

Julia Wenger éteignit sa cigarette et se leva doucement du fauteuil confortable de sa chambre d'hôtel dans laquelle elle travaillait depuis presque six heures.

La jeune anglaise d'à peine trente ans à la chevelure noire comme le plumage d'un corbeau, au visage fin et au corps souple soupira en retirant ses lunettes et se dirigea vers la salle de bains attenante à son logement temporaire.

Julia se déshabilla et se regarda dans la psyché de la salle d'eau. Ses yeux d'un bleu clair comme un ciel d'été étaient bouffis, des cernes formaient deux petites poches sous ses yeux et elle se trouva amaigrie.

Pas étonnant, songea-t-elle en allumant le jet de douche avant de se mettre dessous.

En fermant les yeux sous la cascade brulante, la jeune procureur eut un frisson au souvenir de ce qu'elle avait lu aujourd'hui en parcourant les quelques dossiers qu'ils lui restaient à étudier avant le procès.

Comment cela avait-il pu arriver ? Comment des êtres humains avaient-ils pu faire ça à d'autres ? Comment des femmes banales avaient-elles pu se transformer en véritables monstres sanguinaires assoiffés de sang et pleins de haine ?

Son patron, le Procureur Général de la Couronne Britannique avait envoyé à Lüneburg, en Allemagne, plusieurs de ses collaborateurs pour juger les criminels nazis lors du procès de Belsen.

Julia frissonna à nouveau en pensant à nouveau à ce camp. Bergen-Belsen, l'enfer sur terre… Allait-on encore lui montrer les vidéos épouvantables de la libération des camps de concentration allemands ? Et si oui, parviendrait-elle à ne pas vomir ou faire un malaise lorsqu'elle verrait à nouveau les charniers humains ? Et ce passage affreux où les libérateurs, forcés par une épidémie sans précédent de typhus, ont dû, à l'aide de tracteurs et pelleteuses, pousser dans des fosses à ciel ouvert les restes pourrissants de ce qui, quelques temps avant, étaient encore des femmes ? Les anglais avaient décidé de ne pas perdre de temps, de juger rapidement les criminels de guerre pour « crime contre l'humanité » et « violation du traité de Genève » qui garantissait le bon traitement des prisonniers de guerre…

Julia augmenta la puissance de son jet et sentit à nouveau les larmes poindre au coin de ses yeux. A ce niveau de cruauté, de bestialité, d'horreur et d'antisémitisme on ne pouvait même plus parler de violation d'un traité : on était bien au-delà de ça…

L'horreur, l'épouvante, l'indicible… Mais si, se dit la substitut, tout cela a bien existé… Et c'était il y a moins d'un an…

On était en Aout 1945 et une chaleur écrasante régnait dans cette petite ville à proximité du camp. Elle imaginait avec difficulté l'horreur que ce temps devait représenter pour les détenues : la soif, la langue pâteuse et la mort lente par déshydratation.

Le procès devait s'ouvrir le 17 septembre au 30 Lindenstrasse. Lorsque le Parquet avait su que des femmes étaient concernées tant du côté des victimes que des bourreaux, il avait décidé d'envoyer Julia Wenger sur place afin de mener les investigations nécessaires auprès de ces dernières attendu qu'elle était bilingue allemand et, qu'en prime, ses supérieurs la trouvait d'un caractère fort.

Et j'ai accepté, ne me rendant pas compte de la gravité de ce qu'il s'était passé ici, soupira la jeune femme en sortant de sa douche. Elle avait lu les témoignages des rescapées et devait, comme le prévoyait la procédure, contre-interroger les accusées car l'on était dans des débats contradictoires ou le procureur avait la charge de la preuve…

Il lui restait un peu moins d'un mois pour terminer ses interrogatoires et Julia savait qu'elle devait aller à la prison de Celle pour rencontrer certaines femmes SS afin d'écouter ce qu'elles avaient à dire, de préparer le terrain pour les jours de ce sombre procès…

Miss Wenger se sécha et retourna s'asseoir devant son bureau avant d'allumer une cigarette. Elle fumait trop en ce moment et le savait… Mais, rongée par le stress et aussi par l'indescriptible horreur qu'elle allait devoir mettre en lumière, Julia avait préféré se mettre à fumer comme une locomotive plutôt que de tomber dans l'alcool comme l'un de ces confrères qui avait tendance, depuis le visionnage des vidéos, à lever un peu trop du coude à son goût.

Julia ouvrit la pochette rouge dans laquelle les accusées qu'elle allait devoir interroger et eu un autre frisson d'horreur devant les mines patibulaires de ce qui étaient vraisemblablement des femmes…

Les noms à consonance allemande rendaient encore plus dures ces photographies. Toutes paraissaient plus dures, sournoises ou cruelles les unes que les autres...

Julia ne savait par quelle surveillante elle allait commencer.

Elle regarda alors au dehors. La nuit était noire. Il était presque minuit et un orage avait éclaté un peu plus tôt dans la soirée tant il avait fait lourd en cette journée d'été.

Elles étaient une bonne quinzaine sur le banc des accusées. Ordre alphabétique ? Numéro d'immatriculation pour le tribunal ? Comment faire ? Se demanda la jeune substitut.

Ne parvenant pas à se décider, la jeune femme choisit alors de laisser faire le hasard : elle tira une feuille de son dossier et lu le nom tout en haut. En rapprochant le patronyme et la photo de celle qu'elle allait devoir interroger le lendemain, Julia eu une moue de dégout et, en plongeant son regard sur celui figé dans le papier glacé, une peur sauvage s'empara d'elle. La femme qui la fixait la terrorisait...

Elle imagina alors sans difficulté l'horreur qu'avait dû être les kommandos que la présumée coupable surveillait. Elisabeth Volkenrath continuait à fixer Julia qui referma alors la pochette avant d'allumer une autre cigarette. Je vais être plus forte que ça, se dit la jeune trentenaire. Cette femme ne m'aura pas...

La substitut éteignit alors la lumière et rangea ses dossiers. Assez de monstruosité pour aujourd'hui... Elle avait besoin de repos.

Néanmoins, lorsque Julia ferma les yeux un peu plus tard dans la soirée, le visage de l'infernale SS revînt la hanter comme si, derrière cette mine affreusement dure, l'*Aufseherin* l'attendait de pied ferme...

1

Julia pénétra dans la prison de Celle le lendemain matin aux alentours de huit heures trente. La chaleur de Lüneburg était déjà écrasante en ce 3 Aout 1945 et l'aspect lugubre de l'entrée rempli d'effroi la jeune femme pourtant habituée aux prisons britanniques.

Mais ici c'était différent : elle était en Allemagne, à côté d'un camp de concentration dans lequel s'étaient passées des choses abominables et elle devait interroger l'une de ces criminelles.

L'officier anglais lui demanda sa carte de procureur et lui sourit.

« Miss Wenger, représentante de la Couronne… Qu'est-ce qu'une charmante jeune femme vient faire dans ce sinistre lieu…

- J'instruis le dossier Belsen…

L'autre perdit son sourire et regarda la petite jeune femme menue avec un air presque désapprobateur.

- Miss, pardon de vous dire cela mais ce n'est pas un travail pour les demoiselles… Ce qu'il s'est passé ici est…

L'officier ne put terminer sa phrase et la jeune substitut comprit que le jeune Tommy avait dû assister à la libération du camp.

- Oui… Pas de mot pour qualifier cela…
- Vous venez voir qui ? demanda l'officier en hochant la tête avant de se baisser devant son registre.
- Elisabeth Volkenrath.
- Seigneur… Vous commencez fort ! s'affola presque son interlocuteur.
- Oh vous allez me voir souvent. J'instruis le dossier des femmes SS de ce lieu maudit…

Le Tommy relava doucement la tête et la fixa en jetant son regard au fond des yeux de Julia.

- Vous êtes sacrément courageuse… On est plusieurs à avoir voulu laisser faire les déportées… Lorsqu'elles ont voulu s'en prendre à leurs tortionnaires à la libération de Belsen…
- Vous auriez eu tort de faire cela… Vous auriez donné raison à Hitler. Il voulait les déshumaniser et il n'a pas réussi… Du moins pas totalement…

L'officier hocha la tête et déverrouilla la porte. Julia s'engouffra au rez-de-chaussée de la prison et se dirigea vers les salles de visite, un badge accroché à sa veste noire. Elle avait mis ses lunettes et coiffé ses cheveux noirs en un chignon strict. Elle se sentait un peu protégée ainsi malgré l'angoisse qui montait lentement mais surement au fond d'elle.

Un autre Tommy regarda son laisser-passer et se dirigea vers le téléphone. Il demanda à l'un de ses collègues d'amener la détenue Volkenrath en salle de visite avant d'ouvrir cette dernière et d'y laisser pénétrer Julia qui s'assit tranquillement en se serinant que tout allait bien se passer.

Des soupiraux faisaient rentrer une lumière éclatante dans cette salle que la jeune femme allait souvent revoir dans les prochains temps. D'ailleurs, elle ne put que se désoler de la tristesse du lieu : une table, deux chaises et deux portes le tout peint d'un gris aussi froid que déprimant...

Soudain, la porte s'ouvrit sur un Tommy au visage peu amène qui, de sa main droite, tenait Elisabeth Volkenrath par le bras. Menottée, cette dernière avançait docilement et s'assit sans un bruit.

- Voulez-vous que je reste miss ? demanda le Tommy.
- Non, merci... Ca va aller ? Répondit tranquillement Julia en regardant fixement Volkenrath.
- Appelez quand vous aurez fini. Nous sommes juste derrière...

Elle ne vit même pas l'officier sortir tant elle était intriguée par cette femme. La photo ne mentait pas : la gardienne était assez costaude et des tâches de son grêlaient son visage à la mine renfrognée. C'était donc ça Elisabeth Volkenrath, ne put s'empêcher de se dire Julia.

La substitut semblait désarçonnée. Elle s'était attendue à voir un monstre et se retrouvait en face d'une femme à l'allure banale, totalement normale d'aspect si ce n'était sa tête qui n'inspirait clairement pas la sympathie.

- Bonjour, commença Julia. Je suis miss Wenger, je suis chargée de…
- Je sais, coupa l'autre d'une voix dure et rauque. Je sais qui vous êtes. C'est vous qui devez nous faire condamner… Je n'ai rien à vous dire…

Le ton était donné. Julia ouvrit son dossier, son calepin puis décapsula son stylo-plume.

- Je suis là pour faire la lumière sur toute cette affaire, reprit la jeune femme en utilisant l'une des phrases bateaux apprise à l'école de la Magistrature. Je n'ai pas d'apriori et je veux juste en savoir un peu plus…
- Elle est bien bonne celle-là ! ricana l'autre. Parce que vous allez me dire que vous ne savez rien de moi ? Vous me prenez pour une conne ?

Miss Wenger ne répondit rien, se contentant de baisser les yeux. Son stratagème ne fonctionnerait jamais sur Volkenrath car, bien qu'issue de la classe moyenne, la jeune femme de 26 ans n'en semblait pas moins loin d'être bête et n'avait pas l'air de vouloir faire confiance rapidement.

Julia savait qu'Elisabeth était coiffeuse de formation et qu'elle était rentrée dans la SS en 1941. Elle avait d'ailleurs atteint le rang de Surveillante en Chef ce qui était un niveau élevé dans la hiérarchie des camps.

- Je ne me permettrais pas, reprit Julia. Je sais juste quelques petites choses sur vous mais j'aimerais en savoir d'avantage…

- Pfff… Soupira l'autre en remuant la tête comme une jument. Vous voulez quoi au juste ? Accouchez et vite ! je ne vais pas y passer la journée…

Julia se souvînt avoir lu dans l'un des témoignages que Volkenrath était d'une brutalité, d'une cruauté et d'une vulgarité extrêmes. Sur le dernier point, les détenues n'avaient pas menti.

Miss Wenger soupira avant de reprendre :
- Fräulein Wolkenrath, selon mes informations vous étiez l'une des femmes qui gardaient les prisonnières à Bergen-Belsen. Est-ce vrai ?
- Oui… Rien de neuf quoi ! s'exclama l'autre avec agacement.
- Avez-vous déjà battu des prisonnières ?
- Oui, quand elles n'obéissaient pas ou volaient à manger. C'était interdit ! Je devais faire respecter les règles.
- Avez-vous puni des femmes en leur donnant des coups de bâton ou de badine ?
- Oui, lorsqu'elles ne finissaient pas leur pain.
- Je vous demande pardon ?

Les femmes à Belsen n'avaient le droit qu'à un quignon de pain noir et gluant par jour et cette femme racontait qu'elles ne le finissaient pas ? Mais allons bon ! se dit Julia.
- Oui… Certaines ne le finissaient pas alors je les frappais. On ne gâche pas la nourriture… Et je récupérais le pain quand elles en avaient trop…
- Bien bien… dit Julia en notant l'effarant témoignage. Que savez-vous des sélections ?

- Ah ! nous y revoilà grommela Volkenrath. Je ne sais pas quel était le but de ces sélections. On me demandait de choisir des femmes pour un traitement spécial... Les plus faibles ou les plus malades... Après, elles partaient et je ne les revoyais plus... Point barre.

Julia sentit un filet de sueur glacée couler le long de son échine. Mais de quel bois était faite cette femme ? Allait-elle continuer longtemps à la prendre pour une imbécile ?

- Fräulein Volkenrath, regardez ces photos et dites-moi ce que vous en pensez... demanda Julia en tendant à la SS plusieurs images officielles de la libération de Belsen.

On voyait sur ces images des montagnes de cadavres, des femmes encore vivantes mais dans les cuisses étaient tellement maigres qu'on aurait dit une paire de cannes anglaises.

- Rien, répondit l'autre en regardant à peine les images. Que voulez-vous que j'en pense...

- Mais en tant que cheffe de vos consœurs gardiennes, vous supervisiez les opérations ! vous devriez me dire la vérité ! pourquoi mentir ?

- La seule vérité est que je n'ai rien fait... Je suis arrivée à Belsen le 5 Février et suis tombée malade à cause du Typhus. Donc je n'ai rien à voir avec votre histoire... Je suis innocente.

- Donc mes témoins mentent ! s'exclama Julia.

- Oui...

- Et pourquoi feraient-ils cela ? Pourquoi vous
incrimineraient-ils sans raison ? ».

Volkenrath fixa Julia et une moue de dégout. La SS se
leva et regarda la procureur avec, dans les yeux, une
lueur amusée avant de se diriger vers la porte et
d'appeler son gardien.

Julia sût alors qu'il n'y avait rien à espérer quant à
d'éventuels aveux de cette femme.

2

Charlotte Klein était la seconde personne que Julia avait décidé de voir ce matin-là et, après l'entretien difficile avec Volkenrath, la jeune substitut espérait que la prochaine entrevue serait un peu plus intéressante pour l'accusation.

En effet, Elisabeth avait farouchement nié toutes ses responsabilités et se sentait au-dessus de tout soupçon quant à ce procès. Julia savait que les témoignages contre cette femme étaient légion et qu'elle n'aurait pas trop de mal à la faire condamner attendu du haut niveau de responsabilité de la SS au sein du camp. Mais ce qui la choquait était ce manque de conscience quant à l'abomination des actes commis, cette froideur quant aux photos... A croire qu'il ne s'était jamais rien passé, que jamais Volkenrath n'avait été présente à Belsen... Surtout qu'avant d'arriver sur ce camp, la SS avait servi à Auschwitz et que des preuves de ce qu'elle avait fait subir là-bas allaient être présentées au tribunal...

Julia savait que la sœur de Volkenrath avait aussi été gardienne... Peut-être aurait-elle plus de chance de ce côté-là ? La jeune femme l'espérait.

Charlotte Klein entra dans la petite salle d'interrogatoire un sourire en coin. Tandis qu'elle s'asseyait, l'assistante du Procureur Général détailla la nouvelle venue. Grande et mince, Charlotte était, sous certains côtés, belle mais son regard était froid comme la glace. Deux glaçons gelés qui vous fixaient et fouillaient votre âme jusqu'au bout.

« Salut, lança Klein avec désinvolture en tortillant l'extrémité de ses cheveux. Tu t'appelles comment ?

- Miss Wenger, et je vous prierais de rester courtoise…

L'autre se mit à rire.

- Chérie, on a le même âge… Et je suis innocente !
- Je ne suis pas votre chérie, siffla Julia. Je suis en charge de l'accusation et je doute que vous soyez aussi blanche qu'une brebis !

Klein sortit une cigarette de la poche de sa blouse de prisonnière et lança un clin d'œil au Tommy qui venait de l'accompagner. Ce dernier rougit et sortit sous le regard noir de la substitut.

- Il est mignon comme tout, commença Klein en allumant sa cigarette. Il était puceau à son arrivée… Tu sais, c'est peut-être ça qui te décoincerait.

Quelque part la teneur des propos de Charlotte fit descendre la pression de Julia. On était loin de la grossièreté ouverte de Volkenrath. Mais Klein était une SS et Julia ne pouvait se permettre de rentrer dans le jeu de *l'Aufseherin*. Elle devait garder la tête froide et certainement pas se laisser happer par les sirènes du copinage.

- Fräulein Klein, commença froidement Julia en baissant le regard sur le dossier de la jeune accusée d'à peine trente ans, vous travailliez dans un laboratoire auparavant.

27

- Oui… J'ai suivi une formation d'assistante laborantine. J'ai été embauchée en 1939… C'est très intéressant n'est-ce-pas ?

Julia ne releva pas la pique. Klein la fixait avec ses deux glaçons et un sourire insolent tout en continuant de faire des boucles avec ses cheveux. Mais quelle était cette femme ? se demanda la britannique.

- Vous avez rejoint la SS en 1944 et avez été formée durant quatre jours à Ravensbrück avant de partir dans différents camps pour arriver à Belsen où vous avez été arrêtée lors de la libération par les Anglais…
- Tu sais tout ma jolie… Tu veux que je te dise quoi de plus ? Que j'ai attrapé la typhoïde ? Eh bien oui mais j'ai été soignée.
- Alors que des milliers de femmes sont mortes de cette épidémie à Bergen-Belsen et que nous vous avons forcé à enterrer à la main les cadavres pour enrayer la propagation ?

Klein se redressa sur son siège et perdit son sourire. Elle regarda avec méchanceté Julia qui sut qu'elle avait marqué un point. Charlotte tira sur sa cigarette et l'écrasa sur la table.

- Oui, il y a eu une épidémie… Je n'y peux rien si ces femmes étaient crasseuses !
- Ah ! vous n'y pouvez rien ? Mais alors Fräulein Klein qui est responsable ?
- Les chefs ! c'est Kramer qui donnait les ordres ! Pour le camp des femmes Volkenrath et Bormann nous informaient des nouvelles directives ! Moi je n'ai fait que suivre.

Julia regarda alors la jeune femme avec dédain. Ne faire qu'obéir aux ordres serait sans doute l'une des défenses les plus utilisées.

- Vous n'avez jamais rien fait d'autre que de suivre les règles ?
- Non... Ma meilleure amie était à Bergen avec moi et elle te dira pareil...
- Qui est votre meilleure amie ?
- Herta Bothe.

Le nom évoqua aussitôt l'angoisse chez Julia. Herta Bothe était une femme immense – la plus grande jamais arrêtée alors !, à la réputation affreuse. Elle devait l'interroger mais cette *Aufseherin*, sur la vidéo tournée par les Tommies, lui avait glacé le sang tant elle était grande et semblait sinistre. De plus, beaucoup de témoins l'avaient surnommée « la sadique ».

- Voir des milliers de femmes agonisantes, mourant de faim ou d'épuisement, sales et malades ne vous a rien fait ?
- Non, ce sont des ennemies du Reich. J'ai entendu le chant de l'Aigle et, franchement, jamais je n'aurais songé servir un jour notre Führer... Mais j'ai été appelée car il manquait de gardiennes pour les camps d'internement... J'y ai ensuite respecté les ordres et autres directives.

Klein sortit une autre cigarette et l'alluma en toisant son interlocutrice qui prenait des notes tout en continuant à enrouler ses cheveux autour de son index. Le tique ne trompa pas Julia : l'autre était stressée.

- Vous n'avez jamais battu personne ? demanda Julia.

- Non.
- Vous n'avez jamais fait de mal à une détenue ?
- Non. Je travaillais au magasin de pain et avait une quinzaine de prisonnières sous ma surveillance. Je n'ai jamais touché à un cheveu de l'une d'elles…
- Pourtant, un témoin vous aurait vu prendre une détenue par les cheveux et lui taper la tête contre le mur jusqu'à ce que mort s'en suive.

A la grande surprise de Julia, Klein explosa d'un rire cristallin, comme si on venait de lui raconter une bonne blague. Un peu plus, la substitut se serait cru chez une copine avec qui on passe un moment sympathique entre filles !

« Ai-je dit quelque chose de drôle ? demanda Julia avec écœurement.

- Tu as une sacrée imagination ma bichette. Je serais curieuse de voir ton témoin en face de moi ! je n'ai jamais fait de mal à une mouche !
- La détenue a succombé, c'est une autre qui a vu ça.
- Mais bien sûr… Désolée, je ne marche pas. Tu bluffes et mal en plus.

Julia sût qu'elle venait de perdre la bataille. Une femme avait juré sous serment avoir vu Charlotte Klein brutaliser une de ses codétenues du magasin de pain. Malheureusement, elle était décédée avant d'avoir pu signer son témoignage ce qui faisait qu'il était irrecevable. La malheureuse s'était suicidée en s'asphyxiant dans une voiture et en laissant une lettre dans laquelle elle expliquait qu'elle ne supportait plus d'avoir survécu alors que tant d'autres étaient mortes.

Miss Wenger n'avait rien d'autre incriminant Charlotte Klein et vu la nature du personnage, Julia savait qu'elle avait peu ou pas d'espoir de faire condamner la jeune femme qui se tenait en face d'elle. Elle était rentrée tard dans la SS, avait servi dans différents camps pour finir à Belsen où elle avait contractée le typhus. Certes, le fait de travailler dans un tel endroit comme surveillante était répréhensible mais les juges ne la puniraient pas s'ils n'avaient pas de témoignage direct de crime contre l'humanité ou de violation formelle du traité de Genève.

« Je vais te dire un truc, reprit Klein en écrasant sa deuxième cigarette. Tu aurais été à ma place, qu'aurais-tu fait ?

- Je n'y suis pas et…
- Réponds à ma question ma chérie. Si on t'avait dit que tu devais aller travailler dans un camp ou sinon tu y serais enfermée, qu'aurais-tu fait ?

Julia fut surprise pas la question. Comment pouvait-on savoir à l'avance comment un être humain agirait devant telle ou telle situation ? Comment prévoir ?

- Je ne suis pas Cassandre, répondit Julia.
- Voilà, tu n'en sais rien. Personne ne sait comment il aurait fait dans un cas comme ça… Pense à ça lorsque tu verras mon amie Herta. Elle est rentrée tôt dans la SS par les conscriptions. Et je peux t'assurer que sa seule erreur a été que ce soit un camp de concentration. Elle y aurait été enfermée sinon…

Julia reboucha son stylo-plume et retira ses lunettes avant de fixer la jeune femme qui lui faisait face.

- Ce que je vais vous dire n'apparaîtra nulle part Fräulein Klein et ne concerne que moi... Il ne tiendrait qu'à ma décision, je vous ferais toute pendre haut et court rien que pour avoir été ne serait-ce qu'au courant de ce qu'il se passait dans cet enfer sur terre qu'étaient ces abominables camps. »

Charlotte Klein explosa à nouveau de rire dévoilant ainsi des dents blanches parfaitement alignées. Sans répondre, elle se leva et appela un gardien. Julia entendit le rire de la SS jusqu'à ce qu'elle disparaisse dans les étages de la prison.

3

Julia quitta la prison de Celle avec un sentiment de légèreté qui s'accentua lorsqu'elle put respirer l'air pur du dehors. Dieu que ce fût oppressant, songea la jeune femme en cherchant une cigarette dans son sac.

« Miss Wenger ! Miss Wenger ! Cria une voix au loin.

La substitut leva les yeux et vit que Ron Dulcey arrivait vers elle un grand sourire aux lèvres. Ses cheveux blonds prenaient une teinture cuivrée au soleil et l'homme, avec son visage en forme de cœur, ses yeux verts et son corps immense et fin avait, dès le début, inspiré la sympathie de Julia.

Ron Dulcey était l'un de ses collègues assistant du Procureur Général de la Couronne et, parlant parfaitement l'allemand, avait été lui aussi envoyé à Lüneburg pour le procès. Lui et deux autres collègues masculins avaient la charge de la preuve contre les hommes SS et les kapos du camp qui, selon ce que lui avait rapporté Dulcey, leurs donnaient du fil à retordre.

- Ron ! s'exclama Julia en faisant la bise à son collègue. Tu ne peux pas t'imaginer comme cela me fait du bien de te voir…
- Je te cherchais justement…
- Bon Dieu, grogna la jeune femme en tirant nerveusement sur sa cigarette, j'espère que ce n'est pas une mauvaise nouvelle car je viens de passer un moment épouvantable avec deux gardiennes de Belsen…

- Ah…
- Quoi ah ?

Julia regarda Ronald avec inquiétude surtout lorsqu'elle vit la prunelle de ses iris bleus se foncer légèrement comme à chaque fois qu'il avait quelque chose de négatif à lui dire.

Les deux substituts avaient eu une aventure au bureau, un soir, tard. Mais Ron était marié et Julia n'était pas amoureuse de lui. Ils avaient convenu de ne plus remettre ça et de taire cette soirée orageuse dans leurs bureaux londoniens.

- Je suis désolé, répondit Ronald en sortant une cigarette à son tour mais tes charmantes ouailles se sont passées le mot à la prison. Certaines veulent te rencontrer dès que possible…
- J'hésite à rire ou pleurer, répondit Julia avec emphase. J'en ai vu deux ce matin… Et je peux te dire que ça ne va pas être une partie de plaisir au procès… J'avais prévu de toutes les voir une à une mais je pensais étaler mes visites pour ma santé mentale vois-tu.

Dulcey regarda sa collègue en souriant, dévoilant de petites dents blanches et saines.

- Je me doute mais malheureusement il faut absolument que tu vois ces trois là.
- Tu as les noms ? soupira Julia en expirant sa fumée de cigarette.
- Oui, Hilde Lohbauer et les sœurs Forster.
- Les deux dernières me disent vaguement quelque chose mais pas la première…

34

- C'est normal, Lohbauer est celle qui a été surnommée « la SS sans l'uniforme ». C'est une kapo.
- Mais je n'en ai pas la charge ! Normalement Norman s'occupe des Kapos, Blockalteste etc...

Ron soupira à fond et fit jouer sa mâchoire, tique qui agaçait prodigieusement la jeune femme.

- Norman rentre en Angleterre ce soir, avoua Dulcey.
- Je te demande pardon ?

L'assistant du procureur expliqua alors à sa consœur que le dénommé Norman n'avait pas tenu le coup et avait explosé en larmes à la fin du second interrogatoire avec Kramer, l'ancien commandant du camp, devant les atrocités racontées par ce dernier.

- Donc j'ai un assistant en moins... soupira Ron.
- Oui... Fantastique ! s'exclama Julia mi-figue mi-raisin.
- Je te demande juste de voir deux personnes en plus : Lohbauer et Lothe. Deux kapos.
- Tu me fais chier Ronald Thomas Edouard Dulcey.

Julia écrasa sa cigarette et faillit gifler son collègue qui venait de lui refiler deux dossiers.

- Moi aussi je t'aime beaucoup Miss Wenger... Tiens, reprit-il en tendant à cette dernière un dossier dans une pochette marron. Lohbauer Hilde. Tu peux y aller maintenant ? »

La substitut fusilla son collègue du regard et s'engouffra à nouveau dans la prison avec l'envie irrésistible de mettre une bonne paire de gifles à

Norman qui, lâchement, avait fui scs responsabilité envers la Couronne.

*

Lohbauer tournait en rond dans la salle d'interrogatoire. De taille moyenne, les cheveux blonds comme les blés et un visage creusé, Hilde représentait la parfaite aryenne. Habillée d'une veste à carreau et d'une jupe culotte, l'ancienne kapo fit à Julia l'effet d'une femme stressée, sévère et implacable.

« Vous avez demandé à me voir ? demanda Wenger dans un allemand parfait.

Hilde arrêta sa marche effrénée et se retourna vers son interlocutrice avant de venir s'asseoir. Deux larmes se mirent à couler le long de ses joues et mouillèrent les feuilles qu'elle tenait dans la main.

Julia s'assit, pas plus émue que ça par le comportement de l'autre. Elle aussi pouvait pleurer facilement.

- Oui… Je suis désolée de vous avoir dérangée mais… Il fallait que je parle à quelqu'un.
- Je n'ai pas eu le temps d'étudier votre dossier et…
- Je vais tout vous dire ! coupa l'autre en se redressant. Je me nomme Hildegarde Lohbauer et je suis née à Plauen le 6 novembre 1918. J'ai été déportée à Ravensbrück jusqu'en 1942 puis à Auschwitz et enfin Bergen-Belsen où vous m'avez libérée.

Julia se retint de sursauter. Y aurait-il eu une erreur ? Cette femme était-elle une ancienne prisonnière arrêtée par méprise ?

Elle ouvrit le dossier de son interlocutrice et comprit alors que Lohbauer était une Kapo qui racontait à qui voulait l'entendre qu'elle avait été déportée pour avoir refusé de travailler dans une usine de munitions.

- Oui, je vois ça mais vous êtes devenue chef dans les différents camps. Vous n'étiez pas une prisonnière lambda.
- Mais je n'ai pas eu le choix ! Que croyez-vous ? Là-bas c'était tuer ou être tuée ! Je ne pouvais pas faire autrement !

Wenger soupira, déjà lasse de la défense de cette femme au visage si dur. Elle fouilla le dossier en lisant en diagonale – ce qu'elle détestait préférant prendre le temps de noter des choses ou de synthétiser ses idées et tiqua sur plusieurs témoignages.

- C'est bizarre, reprit Julia feintant la surprise. On vous aurait retiré votre poste de kapo car les SS ne vous trouvaient pas assez sévère.
- Oui ! c'est vrai ! c'est la preuve de mon innocence ! ils ont essayé de me faire frapper des femmes lorsque je les accompagnais au travail ou lorsque nous les comptions ! mais c'est faux ! j'en étais incapable ! J'aurais eu du mal à me regarder dans une glace après…

Si elle s'était écoutée, la procureur adjointe de la Couronne se serait levée pour gifler cette allemande qui mentait comme elle respirait. Elle soupira à fond et regarda Hilde au fond des yeux.

- J'ai très peu d'estime pour les gens qui ont tendance à me prendre pour une imbécile Fräulein Lohbauer.
- Je ne me permettrais pas ! Certes je suis de la classe moyenne et était ouvrière dans une usine de tissage mais je…
- Arrêtez d'insulter mon intelligence, la coupa Julia en refermant le dossier de la kapo. Si vous étiez si peu sévère, pouvez-vous m'expliquer pourquoi dans les archives du camp nous avons retrouvé trace que jusqu'en 1945 vous supervisiez entre 25 et 30 kapos ? Parce que vous étiez trop gentille c'est cela ?
- Je… Je…
- Vous rien du tout Fräulein Lohbauer. On vous a surnommé « La SS sans l'uniforme » et je crois que ce surnom vous va comme un gant. Vous êtes comme les autres mais je dois vous concéder quelque chose : contrairement aux femmes volontaires vous avez été envoyée en déportation par refus de rentrer dans une usine au service du Reich.

Hilde serra ses joues entre ses dents amincissant ainsi son visage et lança un regard terrible à Julia qui, pour la première fois, ne se sentait pas mal à l'aise face à cette femme.

- Oui et c'est justement de cela que je vais me servir pour être acquittée. Et de toute façon vous n'avez pas de témoin…

Julia regarda la liste de ces derniers ayant déposé contre Lohbauer mais n'y trouva que très peu de choses.

- Rassurez-vous, répondit Julia en refermant la pochette marron et en se levant, j'arriverai à vous faire condamner quand même.
- Vous pouvez essayer… En tout cas vous êtes sacrément maline et vous avez raison… L'uniforme de la SS je le portais de manière invisible mais personne, non jamais personne, ne pourra le démontrer formellement !
- Si vous le dites… murmura Julia en sortant ».

4

Julia avait diné avec Ron ce soir là d'une tourte au poulet et d'une forêt noire dans l'un des pubs allemands de Lüneburg. Dulcey et elle avaient beaucoup discuté de la cruauté des monstres qui se trouvaient à Belsen et qui devaient justement être jugés.

Le collègue de Julia avoua être dépité que des femmes aient pu commettre des atrocités attendu que pour lui les représentantes du beau sexe étaient celles qui, un jour, devaient porter la vie, fonder un foyer et se montrer bienveillante avec leur époux ou leurs enfants.

Miss Wenger eut du mal à trouver le sommeil malgré la bière blonde qu'elle s'était autorisée à boire ce soir-là. Il faisait encore très chaud et les températures n'étaient pas décidées à baisser ce qui, pour une anglaise comme elle, représentait une épreuve.

Avant de se coucher, la jeune femme regarda deux ou trois dossiers. Le lendemain, elle avait prévu de retourner à la prison pour avancer dans ses interrogatoires et faire une synthèse de ses rencontres dans les meilleurs délais. Plus qu'un petit mois ne séparait la Couronne du procès et les procureurs de cette dernière voulaient avoir un dossier parfaitement ficelé.

Julia relu une dernière fois l'historique du camp de Bergen-Belsen. Elle le connaissait par cœur mais relire des phrases connues lui permettait, quelque part, de s'accrocher à quelque chose qu'elle maîtrisait contrairement aux différentes femmes qu'elle avait vu et qu'elle continuerait à rencontrer.

Ces gardiennes représentaient l'inconnue pour elle et la jeune substitut savait pertinemment qu'elle allait devoir avoir le cuir épais tant elle avait compris que, même avec des preuves sous les yeux, les SS nieraient encore et encore.

Bergen-Belsen avait été construit en 1943 par des prisonniers juifs des camps de Buchenwald et Natzweiler. Il y avait trois parties dans cet enfer : un Lager pour les femmes, un pour les hommes et un pour les familles de militaires pouvant servir de monnaie d'échange.

Julia avait discuté avec quelques anglaises qui avaient été internées à ce titre : elles avaient été bien traitées, mangeaient à leur faim et ignoraient tout ce qu'il se passait de l'autre côté de leur mur immense fait de paille et de palissades en bois. On leur demandait juste d'attendre d'être échangées contre des prisonniers allemands : le Reich rendait par exemple la liberté à l'une de ces femmes contre un de leur soldat fait prisonnier.

Julia soupira en se disant que ces déportées ne pourraient rien lui apprendre, inconscientes de ce qu'il se passait à côté de leur propre camp. La jeune femme regarda quelques photos de gardiennes et arrêta son choix pour le lendemain. Elle irait voir Irma Grese, celle que l'on appelait « La hyène de Bergen-Belsen » ou « l'ange blond ». En s'endormant, elle vit le visage de la SS la regarder et eu une bouffée d'angoisse. Cette femme lui faisait peur, c'était indéniable mais elle allait devoir l'affronter. Et, malgré le serpent sournois qui remontait de son estomac jusqu'à sa gorge, Julia savait qu'elle devrait faire front tant les témoignages contre cette *Aufseherin* étaient légion. Elle devait tout faire pour qu'elle soit condamnée. Mais arriverait-elle à faire chuter celle qui inspirait tant de craintes aux déportées dès qu'elles voyaient arriver « la bête » ?

*

« Désolée de vous dire cela, commença Irma, mais vous ressemblez à une juive et je les ai en horreur…

Julia dévisagea Grese qui venait, sans avoir sourcillé, crachée à son visage sa première phrase. Et quelle phrase ! Antisémite à souhait, sans un bonjour ni autre chose !

- Bonjour Fräulein Grese, commença Miss Wenger faisant fi de l'accueil de l'autre.
- Non, j'ai tort, poursuivit « l'ange blond », vous êtes bien trop polie et bien trop belle pour être juive !

Julia releva les yeux de son calepin et regarda Irma. Cette dernière lui souriait sincèrement. C'est vrai qu'elle est belle, se dit la procureur. Blonde, les yeux bleus, assez grande et le corps parfait, elle a vraiment un visage d'ange.

Miss Wenger comprit alors pourquoi les femmes de Belsen lui avait donnée ce surnom : Irma Grese était loin d'avoir la tête d'une sadique ! Aryenne par excellence, d'une beauté un peu froide mais avec un beau sourire...

- Je suis l'accusatrice en charge de votre dossier Fräulein, poursuivit Julia en se montrant prudente face à celle à la réputation sulfureuse. J'ai beaucoup de témoignages en ma possession qui vous incriminent...
- Et alors ? Que voulez-vous que je vous dise de plus ? demanda l'autre en toisant Julia. Que je regrette ? Non, absolument pas... Il était de mon devoir d'éliminer les dangereux criminels qui en voulaient au Reich !

Elle n'a même pas encore 22 ans, songea Julia avec peine pour cette jeune femme qui avait l'air si sûre de son fait que s'en était pathétique.

- Qui pensez-vous être les ennemis du Reich ?
- Les juifs bien sûr ! ils nous ont tout volés avant la guerre et depuis des siècles sans que jamais cela ne gêne personne ! il était temps de les punir non ? Ils auraient tué notre Führer s'ils l'avaient pu !
- Et vous connaissez d'autres personnes qui pouvaient nuire à l'Allemagne ?
- Oh oui ! les communistes, les tziganes, les handicapés et les homosexuels ! c'est pour cela que j'ai servi dans différents camps ! j'ai vu tous ces parasites beaucoup moins fiers qu'auparavant ! Ils avaient enfin fermé leur grande gueule d'asocial !

Irma se mit à rigoler. Elle jubilait. Julia comprit que la jeune femme ne niait pas les faits mais se défendait d'une façon surprenante : elle avait fait ce qu'elle devait faire pour le bien de son pays... Et n'avait pas l'air de regretter grand-chose.

- Aviez-vous un pistolet à Belsen ?
- Oui. Bien que nous ne fussions pas militaires j'avais obtenu l'habilitation pour en avoir un. J'avais aussi une badine en cuir, un gourdin et un fouet tressé que je gardais dans mes bottes.
- Et vous en êtes-vous servis pour battre et tuer des détenus ?
- Absolument. Hommes, femmes et enfants. Je vous le répète je ne faisais que mon devoir de gardienne au service de mon pays !

Miss Wenger nota ce que rapportait Irma. Il était évident à la jeune assistante du procureur qu'Irma Grese serait condamnée et certainement à mort vu la lourdeur des charges qui pesaient contre elle et le nombre accablant de témoignages... Et, en prime, elle ne niait rien et acceptait tout.

- Vous êtes rentrée jeune dans la SS ?
- Oui. J'avais 18 ans. Je suis rentrée pour être aide-soignante et, en 1942, j'ai enfin été engagée pour servir dans un camp et faire la fierté de mon beau pays. Et je faisais tellement bien mon travail que je suis vite montée dans la hiérarchie pour finir cheffe des femmes SS.

Irma disait la vérité et Julia ne put que le noter.

- Votre père vous a renié parait-il ?
- Oui... Il n'a jamais rien compris le pauvre homme, soupira Grese. Depuis que maman s'est

suicidée, il n'est plus pareil… Ma sœur veille sur lui depuis… Moi, j'ai fait ma vie !

- Et vous ne pensez pas que ce que vous avez fait était mal ?

La SS dévisagea Julia avec surprise. Miss Wenger attendait sa réponse avec impatience car, au-delà des crimes commis par cette belle femme, la substitut voulait savoir si Grese était autre chose qu'un monstre, si elle avait une miette d'humanité au fond d'elle.

- Non… Je n'ai rien fait de mal…

- Participer à la sélection pour les chambres à gaz, battre à mort des femmes, leur tirer une balle dans la tête à bout portant, les humilier sexuellement en leur enfonçant votre gourdin dans les parties intimes… Tout cela ne vous semble pas mal ?

- Mais que voulez-vous que je vous dise exactement ? Que je regrette ? Que je pleure en voyant mes pauvres petites juives agonisant sous mon fouet ? Que j'ai mal en repensant à ces enfants que j'ai sélectionnés pour le traitement spécial? Mais allons ! dans quel monde vivez-vous ?

Julia faillit sursauter. Grese venait de changer de visage. Il ne restait rien de la tête d'ange de *l'Aufseherin*. A présent, son regard était dur, sa mine renfrognée et ses yeux emplis de colère.

La jeune substitut comprit qui était réellement « La hyène de Belsen » : un monstre caché derrière une tête blonde au visage qui pouvait se montrer doux, charmant et charmeur !

- Je vis dans la vraie vie Fräulein Grese, répondit Julia, celle dans laquelle tuer des innocents est...
- Des innocents ! coassa l'autre. C'étaient des ennemis du Reich ! pour la seconde fois je vous dis qu'il était de notre devoir de les exterminer !
- Alors d'accord, partons là-dessus... Mais pourquoi les torturer, les violer avec votre gourdin, les frapper gratuitement ou les insulter ?
- Je devais me faire respecter ! au début, j'étais hésitante mais j'ai commencé à prendre confiance en moi devant ces bécasses israélites qui ne répondaient même pas aux claques et autres coups !
- Mais elles ne pouvaient pas ! s'impatienta Julia. Entre une femme robuste et en bonne santé, armée jusqu'aux dents de surcroit et des prisonnières terrorisées, affamées et malades il y a une grosse différence !

Grese regarda alors droit dans les yeux la jeune substitut avant de se lever.

- Soit vous êtes juive soit vous n'avez pas entendu chanter notre Aigle... Quoiqu'il en soit, je termine cet entretien en vous disant ce que je vous ai expliqué un peu plus tôt : je n'ai fait que mon travail et obéis aux ordres... Condamnez-moi à mort si vous voulez mais, en attendant, j'ai contribué à la grandeur de mon pays et les générations futures sont en paix avec le problème juif ! »

5

De gros nuages noirs s'amoncelaient dans le ciel lorsque Julia quitta la prison de Celle après son effroyable entretien avec Irma Grese. La jeune substitut pressa le pas afin de regagner au plus vite sa chambre d'hôtel. Elle voulait certes éviter la pluie mais, aussi, se sentir en sécurité, loin, très loin, de cette abominable ancienne gardienne SS.

Il lui fallut moins de dix minutes pour arriver dans l'établissement réservé par son patron au cœur de Lüneburg et la jeune femme n'eut pas la patience d'attendre l'ascenseur. Elle monta quatre à quatre les marches et, arrivée dans sa chambre du second étage, se dirigea en courant vers la salle de bains où elle eut juste le temps de soulever la lunette du WC avant de vomir.

Trop d'émotion, trop de choses dites en trop peu de temps... Un sentiment d'oppression dans cette petite salle d'interrogatoire... Et, surtout, une angoisse. Julia s'était imaginée bloquée dans une pièce avec Irma Grese habillée en uniforme SS – une jupe culotte, une veste et un béret. Un frisson glacé avait parcouru son échine et maintenant, une fois que la bile fut expulsée de son estomac, la jeune femme se sentait mieux.

Elle alla s'asseoir derrière son bureau et appela la réception pour demander à ce qu'on lui monte un whisky-soda light. Elle en avait besoin.

Elle alluma une cigarette et composa le numéro de Ron Dulcey qui, évidemment, ne répondit pas comme l'on pouvait s'en douter : il était onze heures et l'adjoint du procureur devait être en interrogatoire.

Lorsque le room-service frappa à la porte, Julia sursauta, perdue qu'elle était dans ses pensées. Elle remercia distraitement le serveur et lui donna un généreux pourboire avant de retourner s'asseoir.

Elle but une gorgée de sa boisson alcoolisée et, quelques instants plus tard, une chaleur diffuse remonta du plus profond d'elle-même.

La jeune femme but une deuxième gorgée et ouvrit son sac dans lequel se trouvaient les témoignages accablants contre Irma Grese.

Elle n'avait pas eu la force de tous les lire car sa santé mentale en aurait prise un coup.

Elle en chercha un qu'elle n'avait pas encore découvert et tomba sur celui d'une certaine Martha Blumen, une française, déportée à Auschwitz puis à Bergen-Belsen. La jeune femme avait promis de venir témoigner si besoin était mais Julia doutait sincèrement qu'elle ait besoin d'elle pour faire condamner Grese à mort.

Oui, la mort ! c'est ce que toutes ces femmes méritaient ! Irma s'était montrée complètement froide ce matin, se croyant dans son bon droit et ne sourcillant devant aucune des accusations. Mais bon sang, se dit Julia, est-ce que l'une d'entre elles pourrait au moins faire l'effort de rougir ou d'avoir une once de remords ?

Martha Blumen, dans son témoignage versé au dossier, racontait comment Irma Grese frappait les détenues, organisait des jeux macabres avec les chiens d'une autre gardienne, Joanna Bormann, et prenait un plaisir évident à tuer ou transférer dans d'autres camps les malheureuses. Son témoignage était corroboré par celui d'une jeune belge, Cornelia de Loos qui, elle, avait davantage de griefs contre Bormann qui, selon ses dires, avait lancé un de ses gros chiens à la gorge de Sonja Blumen – la sœur de Martha, sous ses yeux, provoquant la mort de cette dernière.

Cornelia était aussi un témoin à charge contre Grese : elle connaissait la femme pour sa méchanceté, sa cruauté et son sadisme.

En voyant les photos des deux témoins à la sortie de Bergen-Belsen, Julia eut froid dans le dos : deux cadavres ambulants, les cheveux rasés, les os de la mâchoire étaient saillants, les dents visibles sous les gencives… Leurs jambes n'étaient plus que deux allumettes, leurs bras ressemblaient à deux cotons tiges. Elles n'avaient plus de poitrines mais que des os sous une peau qu'on devinait diaphane…

En quoi ces deux femmes étaient-elles des ennemies de l'Allemagne ? se demanda Julia. Comment pouvait-on faire croire à quiconque que ceux qu'Irma appelait les «asociaux » étaient coupables de quoique ce fut ?

La jeune substitut se souvînt d'avoir entendu l'un de ces collègues partir pour l'Autriche afin d'y faire le procès du camps de Mauthausen et de son château, Hartheim, dans lequel on gazait les invalides, les impotents, les vieillards, les pauvres gens atteints de mongolisme ou de tout autre pathologie handicapante physiquement et mentalement…

« Allo ? dit Julia en décrochant, sortant de sa rêverie.

- Tu viens d'arriver ? Cà fait presque quinze sonneries que j'attends !
- Je... Pardon, j'étais replongée dans le procès, répondit-elle à Ron.
- Julia, tu es allée voir Irma Grese et, derrière, tu te replonges de suite la dedans ? N'es-tu pas malade ? Cette femme est le pire démon vomit par les enfers ! nous en avions parlé hier !

C'était vrai : Dulcey l'avait mise en garde la veille au soir quant au « cas » Grese. Les témoignages affluaient et dépeignaient cette femme comme une bête.

- Oui... Mais il fallait bien que je la voie pour savoir...
- Oui, cela fait partie du jeu... Mais tu ne devrais pas t'y remettre de suite. Il faut que tu digères tout ça.
- Ron, cette *Aufseherin* est fils d'agriculteurs. Elle a passé sa jeunesse à Wrecken, une bourgade comme il en existe chez nous. Sa mère s'est suicidée, son père l'a reniée... Seule sa sœur lui parle encore ! Mais Bon Dieu ! Comment a-t-elle pu devenir aussi hideuse de l'intérieur alors qu'elle est vraiment très belle de l'extérieur ?

On y est, se dit Dulcey à l'autre bout de la ligne. Elle va faire comme Norman et chercher à comprendre la psychologie de cette femme... Comme lui l'avait fait avec Kramer, l'infernal chef du camp.

- Julia, reprit Ron de sa voix calme mais assurée. Ne cherche pas à comprendre. Irma Grese doit avoir un sacré problème pour avoir pris autant de plaisir à tuer. Jamais tu ne pourras la comprendre. Ecoutes moi : tu vas te reposer aujourd'hui et demain tu reprendras où tu en étais mais arrête de te poser tant de questions pour des gens qui n'en valent pas la peine. »

Miss Wenger se ressaisit. Oui, Ronald avait raison : elle devait parvenir à se détacher de tout cela, prendre ses distances avec ces femmes mais aussi avec les témoins. Elle avait le devoir de faire condamner les tortionnaires en se basant sur les faits énoncés par les victimes. Ne pas rentrer dans l'affect et rester la tête hors de l'eau... Ces deux choses étaient indispensables !

Après qu'elle eut raccrochée, Julia se sentit mieux et décida d'aller faire une tour en ville pour voir un peu de monde et, surtout, se remettre de sa terrible rencontre avec Irma Grese qui, elle le saura bien des années plus tard, sera considérée comme l'une des plus grandes criminelles nazies.

6

Comme elle l'avait promis à Dulcey, Julia se rendit le lendemain à la prison de Celle afin de rencontrer Ilse Lothe qui avait demandé à être reçue par l'un des représentants de la Couronne.

Julia était vêtue d'un haut blanc et d'une jupe noire. Elle s'était maquillée et avait coiffé ses beaux cheveux noirs en une queue de cheval. Elle se sentait mieux en ce 5 Août, la pilule nommée Irma Grese étant passée.

Ilse Lothe l'attendait dans une salle d'interrogatoire différente de la précédente. Celle-ci était au premier étage de la prison et d'immenses fenêtres donnaient vu sur l'extérieur de la prison. On y entendait les rumeurs de la rue, le bruit de la vie, les conversations en allemand et en anglais des gens qui s'activaient dans la ville sous un beau soleil estival.

Miss Wenger dévisagea la femme de 40 ans qui lui faisait face. Petite, rondouillarde et au faciès porcin, Lothe n'inspirait aucune sympathie. Ses cheveux gras, coiffés en un chignon austère avec une raie sur le crane épaississait les traits déjà lourds et empâtés de l'ancienne kapo.

« Fräulein Lothe, vous avez demandé à voir un représentant de la Couronne. Je suis Julia Wenger… J'instruis les charges contre les gardiennes…

- Lohbauer m'a prévenue, répondit l'autre d'une voix rocailleuse de celle qui fume trop. Oui, il fallait que je vous rencontre.
- Pour me dire quoi ? soupira Miss Wenger en s'asseyant et en sortant son stylo-plume et son calepin. Que vous êtes innocente comme votre copine Hilde ?

Julia avait l'impression de perdre doublement son temps. En premier lieu, les Kapos n'étaient pas censées être de son ressort et, quelque part, cela l'agaçait prodigieusement d'interroger ces femmes dans le sens où elle estimait les *Blockalteste* encore plus coupables que les SS. En effet, ces femmes – et hommes naturellement !, étaient des criminelles de droit commun que l'on avait extrait de leur prison afin qu'ils voient leurs peines commutées en « service pour le Reich ».

Dans un second temps, la substitut n'avait pas vraiment apprécié le coup tordu de Hilde Lohbauer qui l'avait vraiment prise pour une idiote. Et en voyant la tête de l'allemande qui lui faisait face, Miss Wenger n'était pas convaincue que celle-ci soit différente.

- Hilde n'est pas mon amie, rétorqua l'autre avec une moue de dégoût. C'est une idiote finie qui s'est crue supérieure à nous dès le début et qui aurait aimé porter l'uniforme tant elle adorait ce qu'elle faisait…
- Comment ça ?

- Hildegarde Lohbauer a adhéré au parti nazi alors que nous étions ensemble à Ravensbrück. Elle n'a jamais travaillé là-bas et est allée trouver Frau Bernigau, la *Lagerfuhrerin*, afin de lui demander d'être nommée gardienne. Jane a refusé au motif qu'elle était coupable d'avoir refusé de travailler dans une usine de munitions… Hilde en a pleuré toutes les larmes de son corps !

Julia nota ces informations précieuses. Lohbauer était donc bien une criminelle. Pas seulement une pauvre victime du système concentrationnaire et de la machine nazie. Elle devait vérifier les dires de Lothe car elle se méfiait maintenant : quoi de mieux que d'accuser autrui pour se dédouaner ?

- Et vous alors ? demanda Julia.
- Moi, j'ai refusé d'aller travailler dans une usine d'armement en 1939. Je travaillais à la confection de chaussures dans une fabrique d'Erfurt avec ma mère… C'est elle qui m'avait faite rentrer. Et en 1939 ils m'ont demandée d'aller ailleurs… J'ai refusé car maman souffrait déjà d'un mal incurable…

Lothe tendit à Julia une liasse de feuilles. Ce qu'elle venait de lui raconter était vrai : sa mère était malade – et était décédée en 1941 ! et elle avait été envoyée à Ravensbrück suite à son refus.

- Vous avez été nommée kapo immédiatement ?
- Oui. J'étais considérée comme une droit commun et, de plus, étant allemande de

naissance, on m'a affectée immédiatement au gardiennage de détenues…

- Vous avez pris plaisir à les frapper ?
- Je n'ai jamais levé la main sur quiconque Fräulein Wenger. Mon père était alcoolique et frappait ma mère. J'ai la violence en horreur.

Julia nota l'information en déglutissant péniblement. Et si Lothe disait vrai ? se demanda-t-elle.

- Mais, dans ce cas, pourquoi ne vous ont-ils pas retiré votre brassard de kapo ?
- Ils ne pouvaient pas car nous étions en sous-effectif. De plus, Ravensbrück était le camp d'entrainement des futures gardiennes. Elles tabassaient suffisamment ces malheureuses sans raison sans que j'en ai a rajouter.

Ilse ne mentait pas : ce *Lager* était un centre de formation pour les nouvelles *Aufseherinnen* qui commençaient toutes à apprendre le maniement des fouets et du gourdin là-bas.

- Et en 1942 on vous a transférée à Auschwitz ?
- Oui. On m'a affectée à trois kommandos différents. En premier j'ai officié à celui de la construction d'un barrage et c'est là où l'on m'a confiée des hongroises. Une fois que ce kommando a été dissolu, on m'a donnée la charge de cinquante filles pour un sous camp agricole… Ensuite, j'ai été envoyée au Vistula Kommando…

Ce dernier était un des pires. Il s'agissait d'une punition : envoyées dans la Vistule près d'Auschwitz, les femmes au pieds nus devaient creuser encore et encore dans un sol marécageux et boueux.

- Pourquoi ne pas avoir refusé ? demanda Julia.
- Pour survivre… J'ai réussi à ne jamais frapper personne là-bas… Le travail était déjà très dur pour les filles et je n'avais pas envie ni besoin d'en rajouter… Et…
- Oui ?
- J'ai aussi été enfermée au block disciplinaire pour avoir envoyé une lettre. Puis une seconde fois car j'avais fait un feu avec de vieux châlits et la troisième fois pour avoir troqué des cigarettes contre du pain.

Miss Wenger leva la tête et regarda la femme au visage disgracieux. Cette dernière n'exprimait aucune émotion : elle racontait un fait, froidement et simplement.

- Et ensuite, vous êtes partie à Belsen c'est bien cela ?
- Oui, lors de l'évacuation d'Auschwitz en 1945. Nous avons pris les routes et avons traversé l'Allemagne. Lorsque je suis arrivée à Belsen, Elisabeth Volkenrath m'a redonnée un poste de kapo. Mais ça n'a pas duré longtemps car vous êtes arrivés vite.

Julia notait scrupuleusement les déclarations de Lothe et, pour la première fois, la jeune femme eut un doute sérieux. Elle sortit le dossier de la quarantenaire et se rendit compte que personne n'avait jamais témoigné contre Ilse. Cette dernière avait été arrêtée par les

Tommies puisqu'elle portait le brassard des kapos à leur arrivée, du moins c'est ce que supposa Julia.

« Vous savez, reprit Ilse, je comprends ce que vous faite. Vous nous enfermez toute et, au fur et à mesure de vos investigations vous vous rendez-compte que quelques-unes d'entre nous n'ont rien fait... Et c'est la vérité.

- Qui, pour vous, est innocente ici ?
- Ida Forster. C'est une vieille qui est alcoolique. A part picoler elle n'a jamais rien fait. Sa sœur, par contre, c'est une autre histoire. A ma connaissance la SS Charlotte Klein n'a jamais rien fait de répréhensible si ce n'est être vulgaire par certains moments...
- Merci Fräulein Lothe pour votre aide. Je dois vous avouer que nous n'avons pas grand-chose contre vous...
- C'est normal, je n'ai rien fait... Et demandez à Ida Forster. Nous discutions beaucoup à une époque... Enfin, surtout à la fin à Belsen... »

Ida Forster était dans la liste de ses accusées et, intriguée, Julia demanda à la fin de son entretien avec Lothe à la rencontrer.

En attendant que la SS n'arrive, Julia relut ses notes et son dossier. Ilse était dans le vrai, du moins la maigreur des charges contre elle semblait jouer en sa faveur. Pour la première depuis son arrivée ici, Miss Wenger se dit qu'elle avait peut-être enfin rencontré une innocente.

Elle n'eut pas le temps de pousser plus loin ses réflexions qu'un Tommy frappa à la porte accompagné de l'ancienne surveillante Ida Forster.

7

Julia regarda attentivement l'allemande entrer dans la petite pièce et elle eut soudain une vague de pitié pour la petite femme aux traits marqués qui trottinait plus qu'elle ne marchait auprès du Tommy.

Forster la salua d'un signe de tête et s'assit tandis que l'anglais qui l'avait accompagnée sortait de la pièce laissant à Miss Wenger le temps de se replonger dans le dossier de la gardienne qui lui faisait face.

Ida Forster était née en 1902 et avait à présent 43 ans mais la peau parcheminée de son visage, ses mains grêlées de points marron et les cernes sous les yeux donnaient un air de vieille femme à la quarantenaire. Ses cheveux étaient coiffés en un chignon strict – à croire que les SS avaient cette coiffure dans la peau !, d'où s'échappaient quelques mèches grisonnantes.

La substitut comprit ce que lui avait dit Ilse Lothe lorsqu'elle parlait de Forster comme d'une alcoolique : la nazie avait vraiment la mine de celle qui buvait beaucoup trop et fumait plus que de raison.

D'ailleurs, lorsqu'elle ouvrit la bouche pour se présenter, Miss Wenger put voir des dents abimées par l'excès de nicotine et d'alcool. Maigre comme un clou, Ida Forster faisait mal à voir et Julia s'imaginait mal celle qui ressemblait plutôt à une petite mamie qu'à une sentinelle cruelle et sanguinaire tenir un fouet ou un révolver.

« Mon amie Ilse m'a dit que nos accusateurs étaient présents, coassa l'allemande en allumant une cigarette d'une main tremblante. Je voulais vous dire que je n'ai rien fait.

- Vous comprendrez Frau Forster que…
- Fräulein, coupa calmement l'autre. Je ne me suis jamais mariée…
- Pardon, Fräulein, reformula Julia, vous comprendrez que nous devons toutes vous voir pour savoir qui est coupable de quoi… Nous avons reçu beaucoup de témoignages et…
- Sur moi ? s'alarma l'autre.

Julia replongea dans le dossier Forster qu'elle ne connaissait pas à fond tant la SS n'était pas aussi tristement connue que d'autres. La substitut débouchona son stylo-plume et commença à écrire sur son carnet. Non, elle n'avait rien de particulier sur Ida, seulement le fait qu'elle ait été arrêtée avec les autres à la libération de Belsen.

- Non, pas que sur vous, tempéra Julia refusant d'abattre ses cartes. Nous en savons un peu sur certaines, beaucoup sur d'autres… Parlez-moi de vous pour commencer.
- Je m'appelle Ida Forster, commença l'autre de sa voix de fumeuse patentée. Je suis née à Blumendorf[1] en Silésie en 1902. Je travaillais dans une usine de textile avant… Tout ça… déglutit péniblement la quarantenaire.
- Où était votre usine ?
- A Rohrsdorf, juste à côté. J'y ai travaillé jusqu'en 1944 et ai été alors enrôlée dans la SS

---

[1] Littéralement « village aux fleurs ».

par conscription car l'on manquait de gardiennes pour les camps à ce qu'ils disaient…

Julia regarda le dossier et constata que l'allemande ne lui mentait pas. Les conscriptions étaient un enrôlement contraint : soit les femmes – ou les hommes naturellement, y allaient soit ils étaient emprisonnés.

« On m'a formée à Langelbielau pour trois semaines à compter du 16 Août 1944 afin que j'y apprenne le traitement des prisonnières. On m'a ensuite renvoyée dans mon usine où des juives avaient été assignées aux tâches pénibles. Mon rôle était de les surveiller…

- Vous avez donc eu une promotion grâce à la SS, résuma Julia pour provoquer une réaction chez son interlocutrice qui ne tarda d'ailleurs pas.
- Une promotion ? Vous voulez rire ? répondit Ida en tirant nerveusement sur sa cigarette. Comment peut-on nommer cela « avancement » ?
- Vous touchiez un salaire de gardienne d'environ 150 marks et n'aviez plus à travailler péniblement. C'est donc une promotion…
- Non… Moi j'appelle ça une punition.

Ida Forster alluma une autre cigarette avec le bout incandescent de la précédente et but un peu d'eau dans la timbale en fer qu'elle avait apportée.

« Je désapprouvais le fait d'enfermer de pauvres femmes dans l'usine où je travaillais, de les faire trimer gratuitement, de ne pas les nourrir et d'avoir le droit de les frapper ou de les tuer. Je ne suis pas comme ma sœur figurez-vous qui a adorée sa vie à Bergen-Belsen !

Julia savait que la sœur d'Ida, Ilse Forster, était aussi incriminée dans le procès. Ayant 20 ans de moins que sa sœur, de nombreux témoignages dépeignait Ilse comme cruelle et aimant frapper sauvagement les femmes à l'abri des regards. Le fait que deux personnes de la même famille appartiennent à l'univers concentrationnaire ne choqua nullement Julia tant les exemples étaient légion dans les différents dossiers.

Non, ce qui m'ennuie c'est qu'elle charge sa sœur, songe miss Wenger en déglutissant avec dégout. Elle-même avait deux frères et une sœur et elle ne se voyait pas dire du mal d'eux ou les dénoncer à des tiers…

- Votre sœur est un autre cas, Fräulein Forster. Je l'interrogerais naturellement et…
- Vous devriez l'abattre, murmura tristement l'autre. C'est une bête… Ilse est un monstre… Nous avons une différence d'âge importante et j'aurais pu être sa mère… Et je vous assure que si cette dernière vivait encore elle giflerait sa cadette avant de l'étrangler de ses propres mains pour avoir salit notre nom…

La messe était dite et Julia nota sur son calepin qu'il lui faudrait faire quelques recherches sur cette famille. Après tout, peut-être qu'elle avait raison Ida ? Et si Ilse était bien une démone devenue soudain assoiffée de sang une fois son uniforme mit et sa badine en main ?

- Quelles étaient vos activités à Belsen ?
- J'ai été affectée à la cuisine 3 où je devais surveiller 35 détenues.

- Vous n'en avez jamais battue une ?
- Non Fräulein. Ces pauvres femmes me donnaient mal au cœur… Les voir si maigres et affamées… J'avais ordre de les punir ou de les tuer si je les voyais manger ou voler un peu de nourriture… Je n'en ai jamais rien fait…

Julia s'imagina avec difficulté l'état de ces femmes à ce moment-là. Elle se souvint alors d'un entretien qu'elle avait eu avec une juive-allemande, déportée à Auschwitz puis renvoyée à Bergen-Belsen jusqu'à la libération. Et si… se demanda-t-elle en laissant germer la prochaine question dans la tête. Elle voulait tester la sincérité d'Ida Forster et, pour cela, elle devait en savoir davantage en observant les réactions de son interlocutrice.

- Pouvez-vous me décrire l'état du camp à votre arrivée le 28 Février 1945 ?
- L'épouvante… Murmura Ida en allumant une troisième cigarette avec le bout de la précédente.

Ses yeux se voilèrent comme si elle revoyait la scène. On y lisait un dégout profond, une incompréhension et une rancœur contre quelque chose ou quelqu'un.

« C'était affreux, continua-t-elle. Je ne comprends pas comment des hommes et des femmes ont pu faire ça à d'autres hommes et d'autres femmes… Il y a avait des cadavres partout, tous plus squelettiques les uns que les autres. Certains pourrissaient au soleil tandis que d'autres étaient mangés par les chiens des sentinelles. Certaines détenues souffraient du typhus et agonisaient. D'autres avaient une dysenterie tellement forte qu'elles n'arrivaient plus à se lever et se souillaient… Non Fräulein Wenger, je n'ai jamais battu personne et je vous jure sur mon honneur que tout ce qu'il se passait là-bas m'a profondément marquée et éprouvée.

Sans s'en rendre compte, Ida Forster s'était mise à pleurer doucement. Des larmes roulaient sur ses joues creusées et au teint un peu maladif. La quarantenaire tremblait légèrement et Julia comprit que l'allemande ne feintait pas : elle avait vu l'indicible, l'inénarrable mais elle avait été du bon côté de la barrière en tant que gardienne, se dit miss Wenger afin de ne pas tomber dans le pathos.

- Pourquoi ne pas avoir fui ? Ou démissionné ? demanda cette dernière.
- Parce qu'ils m'y auraient enfermée comme prisonnière… Et je n'aurais pas tenu le coup… »

Julia regarda Ida Forster avec tristesse et comprit soudain pourquoi la femme qui se tenait en face d'elle était devenue alcoolique : cela avait été son seul dérivatif pour tenir le coup.

8

« Par tous les saints du Paradis ! Tonna Dulcey en laissant retomber sa frite dans son assiette. Julia tu es en train de me dire que tu as eu pitié d'une criminelle !

Attablés dans un petit bistrot de Lüneburg, Ron et Julia dinait après une journée fatigante moralement. Après avoir vu Ida Forster, la jeune femme était remontée à sa chambre d'hôtel pour y faire la synthèse de ses entretiens ainsi que ses premières réquisitions. Ensuite, miss Wenger avait téléphoné à son bureau londonien afin de demander à l'un de ses collègues de chercher un peu dans le passé des sœurs Forster en diligentant un agent en Silésie pour y mener quelques investigations.

- Oui, répondit Julia en avalant une bouchée de sa Kurrywurst. J'ai pitié d'Ida Forster et vais demander l'acquittement à moins que d'autres témoins à charge ne se manifestent.
- Demander l'acquittement ? Mais tu es folle ! Jamais le Procureur Général de la Couronne ne validera ton réquisitoire !
- Il n'aura pas le choix : on ne condamne pas sans preuve… C'est lui qui le dit.

Ron repoussa son assiette et se commanda une deuxième bière. Pour peu on se serait cru à Londres dans cette taverne typiquement allemande.

En effet, envahie de Tommies et d'agents du Royaume-Uni, on parlait en anglais et l'on fumait des cigarettes d'outre-Manche. La seule chose qui rappelait aux deux jeunes gens qu'ils étaient en Allemagne était la nourriture.

Julia continua à manger sous le regard ulcéré de Dulcey. Elle savait qu'elle risquait de se faire conspuer voir désavouer par son bureau mais elle ne pouvait aller contre son jugement, son avis et, surtout, sa conscience.

Son instinct ne l'avait jamais trompée et, pour elle, que ce soit Ilse Lothe ou la SS Forster, les deux femmes étaient innocentes.

- Dois-je te rappeler, siffla Ron en allumant une énième cigarette, tout ce qu'il s'est passé là-bas ? Veux-tu revoir les photos ? Les vidéos peut-être ? Ou préfères-tu envoyer une lettre ou téléphoner aux femmes qui ont vécu cet enfer que Dante lui-même n'aurait pas imaginé pour leur annoncer que tu fais fi de leurs témoignages et …

- Justement Ronald Thomas Dulcey, tu te trompes. Je n'ai aucune preuve, rien ! pour moi ces deux femmes se sont trouvées là contre leur gré et ont essayé de survivre en obéissant aux ordres sans les respecter… En surveillant les détenues comme on leur demandait sans jamais lever la main sur elles !

- Pour moi je les ferais pendre pour le simple fait d'avoir adhéré au parti nazi !

- Mais que tu es buté ! s'agaça Julia en prenant une bouchée de purée. Elles n'ont adhéré nulle part et se sont retrouvées dans les camps ! je t'accorde cependant qu'elles étaient du bon côté du bureau mais, honnêtement, est-ce une raison suffisante pour les faire condamner ? Ne serait-ce pas rentrer dans le jeu de la haine ?

Ronald but une gorgée de bière en regardant sa collègue et amie. Il se souvînt qu'elle avait été embauchée après avoir fini son droit voilà presque 5 ans maintenant à Duncan. Elle était arrivée première de sa promotion et était l'une des seules femmes de cette dernière mais son charisme et la précision de son travail l'avaient emportés sur le reste. D'ailleurs, Julia Wenger avait une main de fer dans un gant de velours et ses réquisitoires étaient quasiment systématiquement suivis par les jurés et les magistrats.

- Tu as peut-être raison mais je ne me vois pas demander la relaxe pour mes accusés… Même si certains jurent n'avoir rien fait et que je n'ai aucun témoin, grommela Dulcey.
- Ils seront relaxés… Tu verras Ron nous en reparlerons et tu me diras « ah mais oui Julia tu avais raison ! ».
- Je n'espère pas…
- Mais que crois-tu Bon Dieu ! s'agaça la substitut en s'essuyant la bouche après avoir fini son assiette. On juge vite pour le moment mais tu verras qu'il y aura d'autres procès, que certains traineront, que d'autres ne se tiendront jamais et, qu'enfin, la Couronne arrêtera les poursuites au bout d'un certain temps.
- Tu crois ?
- Oui, j'en suis même sûre. Il y aura deux ou trois grands procès avec des exécutions à la clef car

nous sommes dans le feu de l'action ! les camps n'ont pas été découverts il y a un an... L'Allemagne est ruinée et sous tutelle des Alliés. Ces procès coutent du temps, de l'argent et monopolisent un nombre important d'agents de toute sorte ! Tu crois réellement que la Couronne va continuer à payer longtemps ?

Ronald dévisagea la jeune femme. Elle avait tellement raison Julia Wenger ! Dulcey commençait alors à prendre conscience des tenants et aboutissants réels de leur mission ici.

Il fallait qu'un procès s'ouvre, tout de suite, à chaud. Il fallait faire des exemples, montrer au monde que ce qui s'était produit ici allait être sanctionné. Mais pour combien de temps ?

- Tu as raison... De plus il nous manque des accusés. Certains sont en fuite d'autres sont cachés...
- Ce qui mécaniquement engendrera d'autres procédures quand on les retrouvera, termina Julia.
- Et tu crois vraiment qu'un jour tout s'arrêtera ? Qu'on laissera le temps passer et nettoyer les plaies.
- Oui, j'en suis convaincue... C'est pour ça que je refuse d'être expéditive et de toutes les mettre dans le même sac. Ne te leurre pas Ron, dans trois ou quatre mois nous serons rentrés et nous aurons d'autres chats à fouetter que Bergen-Belsen. Et je peux encore t'assurer d'une chose : si je fais condamner une coupable, je pourrais

dormir la nuit. Mais si une innocente qui s'est retrouvée à devoir choisir entre vivre comme gardienne ou mourir du typhus comme prisonnière et que je la fais pendre, je ne pourrais plus me regarder dans une glace.

- Je comprends...
- Garde une seule question à l'esprit avec les gardiens sur lesquels tu n'as aucun témoin à charge et rien que ne l'incrimine. Demande-toi ce que tu aurais fait à leur place dans une telle situation ».

L'opinion de Julia avait bien changé en une journée mais avait-elle tort de se poser la question qu'elle venait de soumettre à son collègue ?

9

Le 7 Aout 1945, une pluie diluvienne s'abattit sur Luneburg faisant ainsi baisser les températures torrides qui alourdissaient l'air jusqu'à présent.

Julia comprenait mieux les déportées qui lui avait parlée d'un climat infernal aussi glacial l'hiver qu'insupportable de chaleur l'été. Certaines parlaient de Bergen-Belsen comme d'une « morne plaine » et Miss Wenger assimilaient enfin cette expression.

La jeune femme comprit aussi pourquoi ses collègues Tommies, et après l'évacution de Bergen-Belsen, avaient dû faire brûler le camp entièrement. Avec cette canicule, l'épidemie de typhus n'avait pu que se propager et, pour éviter qu'elle ne continue à faire des ravages, les anglais avaient brûlé les corps dans d'immenses fosses à ciel ouvert.

Vêtue avec une petite veste en Tweed noir, Julia s'installa dans la salle d'interrogatoire. Elle devait voir deux femmes aujourd'hui et commençait par Herta Elhert, l'une des gardiennes les plus anciennes du régime nazi.

Beaucoup de témoignages dépeignait Ehlert comme une bête mais lorsqu'elle vit entrer la gardienne, Julia trouva pathétique cette femme obèse au visage épais et à la moue figée.

Ses yeux fixaient le sol et Herta ne semblait pas à son aise. Vêtue de sa jupe culotte de gardienne et d'un chemisier à fleurs rouges, Ehlert ressemblait plus à une paysanne qu'autre chose. La jeune substitut remarqua qu'une fois de plus elle avait à faire à une femme ordinaire que rien n'aurait pû faire supposer être devenue cruelle et violente.

« Vous avez fait beaucoup de camps Fraulein Ehlert, commença Julia après s'être présentée.

- Oui... Enfin, comment ça ? demanda l'autre avec un regard bovin.
- Et bien, si je compte, cinq... Ravensbruck pour votre formation, Majdanek en 1942, Auschwitz en 1944, Rajsko en automne de la même année puis Bergen-Belsen... Ca fait beaucoup.
- Mais... J'ai été appelée à la SS en 1939 ! par la schutzstaffel ! l'escadron de protection ! il fallait bien protéger notre Fuhrer !
- Oui, sans doute... Mais cela impliquait-il automatiquement que vous serviez dans un camp de concentration avec tout ce que cela implique ?

Herta se renfrogna et poussa un grognement en se tassant sur sa chaise, son horrible chemisier un peu trop serré révélant les bourrelets de cette femme peu amène.

- Je suis allée en formation à Ravensbruck où je suis restée trois ans et ou...
- Ca ne m'interesse pas Fraulein Ehlert, la coupa Julia. J'ai la charge de votre dossier concernant vos activités à Bergen-Belsen. Pour les autres camps vous serez jugée ultérieurement.
- Ah non ! pas ça ! souffla Herta. Je commence à en avoir marre d'être enfermée ici !

- Oh vous irez ailleurs après votre premier procès... Parlons donc de Bergen-Belsen... Quand y êtes vous arrivée ?
- Début Février 1945. On m'a affectée à la surveillance du magasin de vêtements...
- Vous aviez combien de détenues sous vos ordres ?
- Une petite centaine. Cela variait car avec la typhoïde, cela changeait tout les jours vous savez...

Julia s'arrêta décrire et regarda la grosse femme dans les yeux. L'autre baissa les siens, soudain honteuse de raconter ce fait comme l'on raconte avoir acheté une baguette de pain.

- Et ensuite ?
- Quoi ensuite ? demanda Ehlert agressivement.
- J'ai retrouvé dans les archives un papier très intéressant... Voulez-vous le lire ?

Miss Wenger tendit à son interlocutrice une feuille dactylographiée et tamponnée du sceau de l'Aigle nazi. Ehlert lu rapidement et pâlit d'un coup.

- Oui, d'accord, c'est bon... Concéda-t-elle enfin. Lorsqu'Elisabeth Wolkenrath est tombée malade du typhus je l'ai remplacée...
- En tant que quoi ? Demanda naïvement Julia.
- Gardienne en chef. Je supervisais toutes les autres surveillantes...

Un silence pesant s'abattit soudain et Herta rougit de plus belle. On y était. Ainsi, cette femme au visage lourd et au corps ingrat qui parlait mal et avec un fort accent Berlinois – elle était née dans la capitale allemande en 1905, avait été la responsable des autres *Aufseherinnen*.

« Mais vous savez, reprit-elle, je faisais ce que je voulais… Je n'ai jamais donné d'ordre particulier. J'avais juste le titre mais ne m'en servais pas…

- Mais évidemment, j'en suis convaincue ! s'exclama miss Wenger en se retenant de gifler cette menteuse.
- Ah ! vous voyez ! sourit l'autre. Nous arrivons à nous entendre ! je ne suis pas folle encore ! je sais ce que j'ai fait là-bas !
- A la bonne heure ! et justement tiens, qu'avez-vous fait aux détenues ?
- Rien ! répondit l'autre beaucoup trop rapidement et devinant immédiatement qu'elle était tombée dans le traquenard de l'anglaise.

Julia recula dans sa chaise et croisa les bras en toisant Ehlert qui rougit à nouveau et baissa les yeux. Miss Wenger retira ses lunettes et la toisa.

- J'ai beaucoup de mal à être prise pour une imbécile Herta, commença-t-elle en utilisant volontairement le prénom de cette femme qui était d'une sottise affligeante.
- Je… Je ne me permettrais pas…

Julia lui tendit une autre feuille et lui demanda de lire. Il s'agissait d'un témoignage d'une rescapée qui avait eu affaire à Ehlert et avait trouvé la force de raconter son histoire avant que les substituts de la Couronne ne la retranscrive comme à charge contre la gardienne.

- Non ! s'exclama Herta en jettant la feuille par terre. C'est faux et archi faux !

- Ah bon ? Donc, vous ne surveilliez pas par une fenêtre les femmes juives ? Vous ne les avez jamais fait se déshabiller pour les dépouiller de leurs bijoux ?
- Non et non !
- Pourtant, l'on vous décrit comme sournoise, violente et maîtresse absolue du fouet…
- Non ! ce n'est pas vrai ! J'ai toujours été affolée par le traitement infligé à ces malheureuses ! j'ai même demandé une mutation.
- Vous en avez la preuve ?

Herta baissa les yeux. Elle mentait et c'était évident. Selon les différents témoignages, Julia savait qu'Ehlert avait reçu une promotion en était nommée à Belsen et, ainsi, avait obtenu un salaire plus important ainsi que de nombreux avantages en nature comme une servante et une chambre individuelle.

« Bien… Vous serviez-vous de votre revolver ?

- Je n'en avais pas. Nous n'étions pas habilitées à en avoir.
- Irma Grese en avait un…
- Irma est Irma et moi je suis moi ! jamais je n'ai eu d'arme à feu !

La substitut ne pouvait pas prouver que la nazie en avait eu un mais vu la bêtise de la grosse femme, elle avait prêché le faux pour savoir le vrai.

- Vous battiez sévèrement les femmes ?
- Non ! s'exclama à nouveau trop vite Herta en rougissant.
- Pourquoi me mentez-vous ? Demanda Julia. J'ai des témoins oculaires qui vous ont vu arriver

dans le dos des détenues pour les frapper de votre gourdin jusqu'à ce qu'elles ne puissent plus se relever.

- Oui… D'accord ! mais je n'avais pas le choix ! Vous savez qu'ils m'ont renvoyée en formation à Ravensbrück à la mi-1944 car j'étais trop gentille avec les détenues et ne les punissais pas assez durement… Ce stage a été horrible pour moi…

Herta Ehlert eut un hoquet et des larmes commencèrent à poindre au coin de ses yeux bovins.

- Herta, je peux imaginer que cela a été dur pour vous mais pourquoi êtes-vous restée ? Pourquoi avoir acceptée cette promotion ? Pourquoi avoir frappé jusqu'à la mort ?
- Je… Je ne sais pas… Mais je n'ai jamais frappé sans raison ! je ne suis pas Hermine Braunsteiner moi !
- Je ne vous compare à personne et…
- Mais moi je me compare ! Hermine était beaucoup plus cruelle que moi et les déportées l'avaient surnommée « la jument servile » car elle tapait quand les autres frappaient et jusqu'au sang[2]…
- Je me moque de Fräulein Braunsteiner. Herta, vous êtes seule ici et la tactique d'accuser une autre gardienne, en fuite de surcroit, ne vous aidera pas. Votre ruse ne prend pas. Je suis désolée…

---

[2] Authentique

- Pas autant que moi ! vitupéra la grosse Ehlert en se levant d'un coup pour appeler un Tommy afin d'être ramenée en cellule.

Herta se retourna alors et fit face à Julia avec un mauvais sourire qui accentuait la disgrâce de son visage.

« Faites ce que vous voulez ma petite mais vous n'aurez pas ma tête, dit Ehlert. Vous pouvez penser ou dire ce que vous voulez, vous n'aurez jamais les témoins qu'il vous faut pour me condamner à la peine capitale… Elle sont toutes mortes et vous voulez savoir quoi ? Avoir le pouvoir sur une race inférieure est la plus jouissive de toutes les émotions ».

10

Au 30 Lindenstrasse, on avait enfin donné un bureau à Dulcey et Wenger ainsi qu'aux autres assistants du Procureur Général de la Couronne.

Dans le bâtiment qui abritait le tribunal, la place manquait pour pouvoir satisfaire les besoins des agents de la Grande-Bretagne et la majorité d'entre eux travaillait directement depuis sa chambre d'hôtel.

Julia regarda par la fenêtre qui donnait sur la rue et contempla les saules pleureurs qu'une brise légère faisait danser.

On était le 10 Aout et, inexorablement, le procès approchait. La jeune femme avait bouclé les réquisitoires contre les surveillantes qu'elle avait rencontrée et devait, l'après-midi même, retourner à la prison de Celle afin d'auditionner deux autres criminelles.

Pour Ilse Lothe, la jeune femme avait demandé la relaxe attendu que rien n'était venu faire grossir les charges contre la kapo. De plus, cette dernière avait lourdement payé son tribu en ayant été enfermée à plusieurs reprises au bloc disciplinaire. La Couronne ne pouvait légalement pas condamner sans preuve quelqu'un de crime contre l'humanité si la personne en question n'avait jamais rien fait !

Pour Ida Forster, miss Wenger avait enfin reçu les informations qu'elle voulait et les dires de la SS avaient été confirmés dans leur intégralité. Julia pouvait tout à fait s'appuyer sur une éventuelle violation de la convention de Genève quant au traitement des prisonniers politiques pour la sœur ainée des Forster.

En effet, le simple fait d'avoir porté un uniforme dans un tel endroit rendait coupable celui ou celle qui s'en habillait.

Mais si Ida Forster n'avait fait que se vêtire de cette tenue sans jamais sans servir pour faire du mal, pour tuer ou assassiner de ses propres mains, Julia pouvait-elle espérer une condamnation de un à cinq ans de prison ? La jeune femme en doutait et hésitait.

Ida Forster faisait mal à voir et sa vie n'avait été qu'une suite d'évènements douloureux et tragiques. En se remémorant le visage de la SS, Julia comprit que la pauvre femme était déjà en prison et payait son dû à la société : sa tête n'oublierait jamais les monceaux de cadavres, le regard enfiévré de ces femmes malades et les corps décharnés des hères atteintes de typhoïde.

Julia débouchonna son stylo-plume et, dans la partie « peine requise » de son formulaire, la jeune substitut demanda l'acquittement dans l'intérêt de la justice. Cette dernière ne devait-elle pas être aveugle et se rendre de manière équilibrée ?

Aussi, dans quelle mesure faire condamner une alcoolique n'ayant jamais battu personne et prisonnière dans sa tête était-il juste et raisonnable attendu que le dossier était plus que vide ?

« Tu as fini ? demanda Ronald en se levant de son bureau sur lequel une pile importante de dossiers était ouverte.

- Oui... J'ai demandé la relaxe pour deux d'entre elles et des peines de mort ainsi que de la prison pour les autres... Nous verrons...
- Oui... Mais tu as fait ça avec ton cœur Julia, n'en doute pas, sourit Ronald avant de poursuivre. Tu y a passé du temps et investi beaucoup d'énergie. Et même si je pense que toutes devraient être condamnées, tu as su écouter ton instinct... C'est ce qui fera de toi une bonne procureur.

On frappa alors à la porte et une secrétaire entra annonçant que quelqu'un souhaitait rencontrer l'un des accusateurs britanniques du procès.

- Elle dit s'appeler Laurette Bergstein, termina miss Seifert.
- Faites-la entrer, lui répondit Julia, intriguée.

Laurette toqua quelques instants plus tard et franchit le seuil du bureau. Vêtue d'une robe Vichy blanche à carreaux rouge et de petits escarpins de la même couleur, la nouvelle venue semblait toute frêle tant ses épaules paraissaient minces et ses jambes graciles.

Ses cheveux noirs lui arrivaient à la nuque et son visage, un peu creusé, soulignait deux yeux noisette au regard puissant.

Julia jeta un coup d'œil rapide au bras de la jeune femme et comprit qu'il s'agissait d'une déportée. Elle l'invita à s'asseoir avec un doux sourire tandis qu'intelligemment Ronald s'éclipsait arguant un document à aller chercher aux archives – ce qui faillit faire sourire sa collègue car ici il n'y avait aucune salle préposée au rangement d'anciens dossiers puisque les seuls traités étaient entre leurs mains.

- Merci de m'accorder votre temps, commença Laurette dans un anglais hésitant.
- Vous préférez parler allemand ? demanda Julia. Ou français ?
- Oh oui ! répondit l'intéressée en souriant. Je suis française et je ne sais pas si j'ai assez de vocabulaire pour vous expliquer ce que j'ai à vous dire.
- Alors en français chère mademoiselle ! s'exclama Julia qui adorait parler la langue de Molière.

Miss Wenger parlait trois langues couramment mais n'en maîtrisait qu'une à l'écrit, l'anglais bien évidemment, sa langue natale. Elle était douée pour l'acoustique mais l'orthographe n'avait pas suivi.

- Je suis une ancienne de Bergen-Belsen et n'ai pas pu témoigner jusqu'à présent car j'ai été envoyée dans un sanatorium en Suisse et en suis sortie la semaine dernière… J'ai eu beaucoup de chance car beaucoup de copines y sont encore et toutes ne rentreront pas tant elles sont… Prises au plus profond d'elle-même.

C'était une réalité que la jeune substitut connaissait pour avoir, au début du procès, été recalée lorsqu'elle avait été en Suisse dans l'un de ces centres de guérison par le soleil et le bon aire helvète.

On ne laissait personne franchir les portes des sanatoriums. Les malades ne pouvaient être visitées que par les membres de leur famille… Et encore, la visite ne devait pas durer longtemps.

Julia avait entendu dire que certaines étaient trop malades pour sortir même après presque six mois de convalescence à croire que le travail de sape des nazis faisait encore des dégâts.

- Je ne pourrais pas dire que je comprends mademoiselle Bergstein, commença doucement et avec tact Julia. Je n'ai pas été déportée et ne vis ce massacre qu'à travers des photos, des vidéos et des témoignages. Je vais néanmoins vous écouter et essayer de vous aider.

- Appelez-moi Laurette… Vous savez, là-bas nous n'étions qu'un numéro alors je pense qu'avec ce que j'ai à vous dire vous pouvez utiliser mon prénom.

Miss Wenger hocha la tête et inspira à fond. Elle n'avait encore jamais eu de témoignage direct. Les Tommies avaient recueilli à vif les dires des prisonniers. Ensuite, la Croix Rouge Suisse avait fait le reste et la douloureuse expérience des déportées était arrivée dans un rapport propre et dactylographié sur le bureau des accusateurs de la Couronne.

- Bien, Laurette… Je vous écoute…

- A ma sortie de Belsen je pesais vingt kilos. J'en ai repris trente mais je vous avoue que jamais je ne retrouverai mes formes d'autrefois. Je suis arrivée à Auschwitz en 1944. J'avais vingt ans et j'ai été sélectionnée pour rentrer au camp.

Julia nota l'information. Elle espérait juste que la jeune femme avait des choses importantes à lui dire, susceptibles de l'aider à faire condamner des criminelles et pas seulement une histoire affreuse à raconter.

Elle savait qu'elle avait un peu de temps devant elle pour boucler ses entretiens mais malheureusement pas assez pour écouter toutes celles qui voulaient, légitimement, raconter ce qu'elles avaient vu.

- On nous a envoyées à la Sauna pour nous raser le pubis, les aisselles puis les cheveux avant de nous faire prendre une douche. Une fois en quarantaine, je me suis manifestée pour rejoindre l'orchestre d'Auschwitz car je suis violoniste.

Le fameux orchestre du camp était composé des meilleurs musiciens juifs de l'Europe. Il avait été créé par l'infâme Maria Mandl, surnommée la bête féroce tant son comportement était cruel et inhumain.

« Nos conditions de vie étaient luxueuses contrairement aux autres. Nous avions une douche par jour, un châlit chacune et une bonne couverture chaude ainsi que trois repas par jour. On nous jalousait vous savez.

- Non, je n'en savais rien mais j'imagine qu'on devait vous envier.
- Oui… Mais s'ils en avaient eu un jour assez de l'orchestre, ils nous auraient toutes envoyées au gaz… Nous n'étions pas essentielles. La mélomanie de ces fous nous a sauvées.

Elle n'avait pas tort. Après tout, Hoess, Kramer et les autres auraient pu liquider sans sourciller cette quarantaine de musiciennes qui n'avaient qu'un seul rôle : jouer des marches entrainantes lors du départ au travail des malheureuses, des pendaisons ou simplement pour le bon plaisir des SS.

« En Janvier 1945 nous avons été évacuées et avons traversé l'Allemagne jusqu'à Bergen-Belsen, cette horrible plaine balayée par tous les vents entre Hambourg et Hanovre… J'ai cru mourir une dizaine de fois tant les SS étaient pressés. Les dernières qui « trainaient » étaient exécutées d'une balle dans la tête… Des corps jonchaient les routes… C'était affreux.

- Vous êtes finalement arrivées à Bergen-Belsen… Et vous êtes en vie…
- Oui… Mais j'ai vraiment eu peur de ne jamais m'en sortir… Surtout que nous avons été encadrées par Herta Bothe…

Julia leva la tête de son calepin et regarda la jeune femme qui lui faisait face. Herta Bothe. « La sadique du Stutthof » comme les prisonnières la surnommait.

- Je vous écoute, dit Julia en souriant à son nouveau témoin ».

11

« Je n'ai pas 52 ans mais 42 ans ! S'énerva Joana Bormann dans la salle d'interrogatoire.

- Vous mentez et mal Fräulein, répondit Julia avec agacement. Vous êtes née en 1893 à Birkenfeld. J'ai votre certificat de naissance dans le dossier…
- Oui mais c'est une erreur ! Je n'ai pas 50 ans !

Bormann était une petite femme chétive au regard sévère. Ses cheveux étaient coiffés en un chignon strict avec, au milieu du crâne, une raie parfaitement symétrique. Miss Wenger connaissait l'histoire de cette gardienne et commençait à perdre patience : on était au début de l'entretien et, déjà, l'autre la prenait pour une idiote… A moins que cela ne soit par coquetterie, se dit la britannique en regardant Joana tirer nerveusement sur sa cigarette.

Elle-même connaissait des femmes qui « arrêtaient » leur âge à un moment donné comme si le fait de mentir sur ce dernier leur permettait de stopper le temps qui passait.

- Bon, admettons, tempéra Julia. Vous êtes rentrée tôt dans la SS. En 1938 c'est cela ?
- Oui, pour gagner ma vie car j'en avais assez de toucher une misère en faisant des ménages ou en servant des repas à des étudiants ingrats.
- Vous faisiez quoi à votre arrivée dans la SS ?
- Cantinière… Ils m'ont mise en cuisine à Lichtenburg jusqu'à l'évacuation du camp vers Ravensbrück en 1939. J'y suis restée jusqu'en

1943 et ai occupé différents postes : la cuisine puis un Kommando extérieur.

- C'est en 1943 que vous avez acheté votre chien ?
- Oui et ?

Et ? Joana Borman avait été surnommée « la Dame aux chiens » à cause de son immense dogue. Il s'agissait d'un chien loup aux poils bruns que, selon de nombreux témoignages, Bormann aimait à lancer sur les détenues. Ces dernières étaient dévorées vivantes par la bête sanguinaire sous le regard appréciateur et le sourire sadique de la SS.

- Et, apparemment, vous aimiez vous servir de votre animal afin de persécuter les prisonnières qui vous craignaient à cause de votre chien.
- Bêtises ! Mon chien a été malade et je ne l'ai pas eu pendant un an ! comment aurait-il pu être en convalescence et tuer des femmes ? Il n'a pas encore le don d'ubiquité !

Cette petite femme était agressive et transpirait la méchanceté. Julia avait largement assez de preuves quant aux méfaits du dogue à Bormann pour passer outre son témoignage mais elle devait en savoir plus pour obtenir la condamnation qu'elle souhaitait : la mort par pendaison.

- Savez-vous pourquoi l'on vous surnommait « Wiesel » ?
- La fouine ? Elles ont osé me donner ce sobriquet ? rugit la petite femme vêtue de sa jupe-culotte de gardienne et de sa chemise blanche de SS.

- Oui… En 1944 vous avez été nommée à Budy, un sous-camp d'Auschwitz dans lequel vous aviez à surveiller des femmes dans une exploitation agricole.
- Je sais où est Budy, je vous remercie !
- Quoiqu'il en soit, reprit Julia en faisant celle qui cherchait une information, certaines détenues vous reprochent de vous être approchées d'elle par derrière pour les battre lorsqu'elles mangeaient un radis ou une tomate en cachette.

Bormann lança un regard noir à Julia. Wiesel était un surnom bien trouvé pour cette sentinelle petite et maigrelette aux yeux de fouine avec, de surcroit, un regard de teigne. Miss Wenger se l'imagina sans mal arriver telle une ombre derrière une déportée afin de la surprendre…

- J'aurais mieux fait de les tuer plutôt que d'être gentille avec elles ! s'énerva Johana. Vous voyez, vous êtes permissive avec des gens et voilà comment on vous remercie ! on vous crache dans la soupe ! vermine juive !

Miss Wenger nota avec attention la réaction de Bormann et s'imagina aisément la cruauté de cette femme. Sous des aspects de mamie gentille, l'*Aufseherin* portait en elle une flamme démoniaque. Quelque chose de malsain émanait d'elle.

- Vous êtes très pieuse à ce que l'on m'a dit[3], poursuivit la substitut.
- Et alors ? En quoi la religion a…

[3] Authentique.

86

- Je me permets de vous couper Fräulein Bormann. Mais je suis catholique comme vous et il me semble que la Bible nous interdit de faire du mal à notre prochain et nous demande de tendre une joue lorsque nous avons été frappé sur l'autre.
- Et après ? Vous allez me citez un psaume ? Ou me réciter un verset de Saint-Matthieu ? Oui je suis catholique et allais à la messe tous les Dimanches.
- Et au mépris des règles du Très Haut, vous avez frappé, puni jusqu'au sang, torturé, tué et assassiné des centaines de femmes ?

Bormann écrasa sa cigarette à même le sol et regarda son interlocutrice avec un regard mauvais. Julia se sentait mal à l'aise en présence de cette femme tant elle lui inspirait dégoût et colère.

- Croyez ce que vous voulez... Moi, j'ai mes pensées.

Joana croisa ses bras comme pour fermer l'entretien ou, du moins, donner l'impression qu'elle ne voulait plus parler. Sa communication non-verbale donnait vraiment l'impression à Julia que cette petite femme était hostile.

- Je crois ce que je vois Fräulein Bormann. Et j'ai aussi entendu dire que vous aviez accompagnée une Marche de la Mort de Auschwitz vers Bergen-Belsen.
- Et alors ? J'ai obéis aux ordres ! Nous devions évacuer le camp car les Rouges arrivaient. Je

n'allais pas rester comme une idiote avec les malades et les cadavres à Birkenau !

- Avez-vous frappé des femmes avec votre gourdin sur la route.
- Oui, quand elles n'allaient pas assez vite ou n'avançaient pas au bon rythme.

Julia écrivit l'information et l'honnêteté de Bormann se transforma en une colère que jamais la jeune femme n'avait ressentie auparavant. Si cela n'avait tenu qu'à elle, elle serait sortie et aurait laissé des anciennes déportées incriminant la SS lui régler son compte.

- Vous êtes en train de me dire que vous les tapiez comme un paysan battrait son âne pour le faire avancer ? souffla la substitut.
- C'est exactement ça. Nous les allemands sommes une race supérieure. Les juifs-hongrois et autres ukrainiens israélites ne nous servaient que pour l'effort de guerre. Mais j'ai été bien bonne : je n'en ai tué aucune sur la route alors que d'autres collègues ne sont pas privées...

On y était. La fameuse tactique des criminelles SS pour se défausser en incriminant une autre surveillante.

- Nous sommes là pour parler de vous pas des autres, répondit sèchement Julia. Une fois arrivée à Belsen où avez-vous été incorporée ?
- A la porcherie. Le kommando comportait 18 femmes. Elles devaient s'occuper de 52 porcs.
- Et le fait qu'elles mouraient de faim ne vous a pas gêné ?
- Non ! Allons les juifs ne mangent pas de porc !

Doux Jésus, songea Julia. Cette dernière ne savait plus quoi dire ou quoi faire pour la SS avoue avoir mal agi. N'avait-elle donc pas de conscience ? Où est-ce qu'elle était arrivée à un stade de saturation telle pendant les années 30 et sa crise qu'elle en avait perdue les sens communs et la notion de bien et de mal ?

- Oui mais vous auriez pu leur donner des pommes de terre, des fanes, de l'eau…
- Et les cochons alors ! s'insurgea Bormann. Ces pauvres bêtes n'avaient rien demandé ! il fallait bien les nourrir !
- Et avez-vous déjà enfermé une détenue dans la soue pour la punir ?
- Jamais je ne me serais permise de mettre des juives avec des porcs. Ces derniers en auraient été malades tant elles étaient crasseuses et souffrantes. »

Julia comprit qu'elle ne tirerait rien d'autre de Bormann. Campée sur ses positions, « Wiesel » était sûre de son fait et niait une bonne partie des témoignages qui l'incriminaient.

Néanmoins, Miss Wenger allait devoir faire quelque chose qui ne lui plaisait pas mais elle n'avait pas le choix. Si la SS tenait des propos similaires lors du procès, elle risquait d'être acquittée pour « déficience mentale ». Julia ne voulait pas prendre ce risque car, à son humble avis, l'allemande était saine d'esprit et juste sadique.

En rentrant à son bureau cet après-midi-là, elle s'en ouvrit à Ronald Dulcey qui, totalement d'accord avec elle, contresigna l'ordonnance d'évaluation psychiatrique de Joana Bormann.

12

Julia éteignit la vidéo et fixa la jeune femme au visage ingrat qui se tenait en face d'elle en ce matin du 9 Aout 1945.

Herta Bothe n'avait pas daigné regarder le film de moins de deux minutes dans lequel elle apparaissait.

« Donc, commença miss Wenger en s'asseyant sur une chaise de la salle d'interrogatoire, vous êtes née en 1921 à Teterow dans le Mecklemburg, c'est cela.

- Oui… Je n'aime pas cette vidéo, dit Herta avec sa voix claire qui, pour une femme aussi grande et costaude, était surprenante. Vos amis anglais m'ont forcée à témoigner devant votre caméra et je ne suis pas vraiment d'accord avec ça.

Bothe avait été en effet filmée à la libération de Belsen et avait dû se présenter devant la caméra qui, froidement, l'enregistrait. L'exercice, voulu par les Tommies, était de faire dire aux nazis la date du jour afin d'authentifier les images. Chaque jour, un garde SS, un kapo ou une *Aufseherin* passait devant la caméra.

- Que vous soyez d'accord ou pas Fräulein Bothe, les faits sont là, éluda Julia encore impressionnée par la taille de cette jeune femme de 24 ans qui faisait plus d'un mètre quatre-vingt.

Blonde comme les blés et forte comme un homme, Herta était la plus grande femme SS arrêtée et dépassait toutes ses collègues et toutes les déportées de plus de deux têtes. Même Kramer, le si haut placé commandant du camp, paraissait minuscule à côté d'elle.

- Oui mais vous comprendrez que je n'aime pas cette vidéo… C'est tout ! on m'y a contrainte et forcée comme on nous a réquisitionnés pour jeter les cadavres pourrissants dans des fosses à ciel ouvert.
- Cela a été demandé par le chef de troupe anglais. Je n'ai pas d'opinion à avoir là-dessus, répondit froidement Julia qui savait ce qui avait été exigé par ses collègues.

En effet, devant l'effroyable découverte qu'avait été Bergen-Belsen, les Tommies avaient décidé de « punir » les criminels responsables de cette horreur en leur imposant de mettre dans d'immenses tombereaux les restes des malheureuses qui étaient mortes.

- L'odeur était épouvantable, continua Herta plaintivement. Les corps étaient tellement abîmés qu'ils se cassaient par moment au point que, parfois, je me retrouvais avec une jambe ou un bras et devais retourner chercher le reste du corps tombé en chemin ! et nous n'avions pas de gants… Vous vous rendez-compte ? J'étais terrorisée à l'idée d'attraper le typhus !

Miss Wenger se retînt de balancer au visage asymétrique – Herta avait sorte de bosse sur sa mâchoire inférieure gauche !, une répartie bien cinglante tant cette allemande l'agaçait à vouloir se faire plaindre et gémissait comme si elle avait été une victime.

- Quoiqu'il en soit, vous ne l'avez pas contracté... Vous êtes en parfaite santé pour être jugée.
- Mais pour qui vous prenez vous, siffla Bothe. Vous croyez que j'ai fait une erreur c'est ça ? Non ! je ne peux pas dire ça ! Ai-je fait une erreur ? Non ! la seule erreur est que ça ait été un camp de concentration ! cela a été mon erreur mais si j'avais refusé j'y aurais été enfermée ![4]
- Pourquoi vous auraient-ils déportée ?
- Parce que j'ai été enrôlée par conscription ! je n'ai rien demandé à personne ! deux officiers sont venus à la maison alors que nous dinions avec mes parents. Ils m'ont dit que je devais y aller sinon c'était la prison ! à l'époque je travaillais dans l'industrie hospitalière et étais très contente de mon emploi et de ma vie. Mon père tenait une échoppe de menuiserie et ma mère y faisait la comptabilité. Pourquoi, alors que tout allait bien aurai-je été servir si loin de chez moi ?

Au corps défendant de la SS, Julia savait que cette dernière disait la vérité. Elle en revenait une fois de plus à se poser la question fatale : qu'aurai-je fait à sa place ?

Julia se reconcentra. Elle ne pouvait s'interroger de la sorte sur Herta Bothe tant il lui était apparu au fil de l'instruction que l'allemande avait pris part à de nombreuses exactions.

---

[4] Authentique. C'est ce que dira Herta Bothe lors d'une interview en 2009 (!). Elle serait d'ailleurs encore en vie sous le nom de Herta Lange.

- Je sais tout ça Fräulein Bothe mais j'ai un problème. Enfin trois exactement... Premièrement, aller servir dans un camp pour réaliser les desseins de votre Aigle n'a pas dû tant vous gêner puisque, depuis vos quinze ans, vous faisiez partie de la ligue féminine des jeunes filles allemandes.
- Oui et alors ? Il n'y a que là-bas que le sport était autorisé pour les femmes ! j'y ai brillé sur le plan athlétique et ai représenté la ville de Teterow ! j'en suis fière !

Bah voyons, se dit avec dégout miss Wenger. Fière d'avoir fait parti de ces sortes de lieu de formatage pour devenir la parfaite petite nazie...

- Mon second problème, continua la substitut en écrivant sur son calepin avec son éternel stylo-plume, c'est que l'on vous a surnommée « la sadique du Stutthof ». Une explication ?
- Non... Aucune... Peut-être parce-que je suis grande et forte ? tenta Herta avec un air de défi.
- Les témoignages...
- Les témoignages s'achètent. Que l'on m'amène ceux qui me dénigrent en face pour voir s'ils tiennent toujours les mêmes allégations !

Julia reçu la phrase comme une gifle. Elle niait tout en bloc alors que nombre de témoins dépeignaient Bothe comme un monstre, une bête, qui aimait frapper jusqu'à la mort les détenues.

- Dernier problème, j'ai reçu un témoignage récemment d'une jeune femme sont vous aviez la responsabilité dans la brigade féminine des bois où vous surveilliez des prisonnières. D'après elle, lors de la Marche de la Mort, vous auriez abattu les femmes qui n'allaient pas assez vite d'une balle dans la tête… Puis à Bergen-Belsen, sous ses yeux, vous auriez frappé à l'aide de votre gourdin une malheureuse sur le crâne jusqu'à ce que ce dernier explose…

Herta ne tiqua pas. Ses yeux n'exprimaient rien comme si ce que venait de raconter Julia ne la touchait pas. Elle mit ses joues entres ses mâchoires comme si elle réfléchissait ce qui, au passage, rendait son visage encore plus inquiétant.

- Ils divaguent ! Qui sont-ils ? Avez-vous leur numéro de matricule ?
- J'ai leurs noms…
- Cela ne me dira rien : je ne les connais que sous leurs numéros, désolée…

Miss Wenger bouillait intérieurement. Soit Bothe la prenait pour une idiote soit elle croyait réellement ce qu'elle disait ce qui, quelque part, était affligeant.

- Vous niez tout je présume ?
- Oui, absolument. Je n'ai fait que ce que je devais faire. On m'aurait envoyée ailleurs que j'aurais aussi fait les tâches demandées ! s'impatienta Herta.
- Vous n'avez donc pris aucun plaisir à battre ou tuer ?
- Je n'ai ni fait l'un ni fait l'autre. Je ne suis pas Irma ou Elisabeth ! je n'avais pas le droit au révolver.

- Oui mais vous aviez une matraque en caoutchouc ! répondit Julia en haussant un peu le ton. Pourquoi tant de témoins vous incriminent ?
- Je n'en sais rien… Peut-être parce que étant grande et mettant des chaussures plates j'étais plus visible que les autres gardiennes ? je n'ai rien fait ! je suis innocente.

Que dire ? Que répondre ? Comment faire plier cette femme dure qui, malgré les preuves que représentaient les témoignages, continuait à s'engluer dans le mensonge.

« Vous allez demander la mort comme sentence ? demanda Herta en croisant ces bras.

- Oui, répondit Julia avec sincérité. J'ai assez d'éléments à charge pour vous faire condamner.
- Mais dites-moi, ne sommes-nous pas dans un débat contradictoire ?
- Heu… Si !

Julia était médusée par la question. Elle qui pensait avoir une femme de basse extraction comme les autres se retrouvait face à une personne un peu plus intelligente.

- Donc j'ai le droit d'être confrontée à mes soi-disant victimes. Dans le cas contraire, inutile de revenir me voir. Et vous pouvez toujours attendre pour me pendre, je nierai tant que mes accusateurs ne me diront pas ce qu'ils ont contre moi dans les yeux ».

Herta se leva sans un regard en arrière et Julia resta assise un long moment, complètement estomaquée. En partant, elle sut qu'elle ne pourrait pas faire condamner Herta Bothe à mort car les témoignages émanaient de détenues décédées et aucun document officiel en provenance des archives des camps n'incriminait « la sadique du Stutthof ».

13

Une brise douce et légère balayait la Lindenstrasse en cette soirée du 14 Août 1945. La nuit allait tomber d'ici quelques temps et, au tribunal, tous les agents de la Couronne étaient partis plus tôt.

Demain était férié, c'était l'Assomption et tous avaient décidé de profiter de ce jour de repos supplémentaire pour sortir ce soir-là. Après tout, le lendemain était chômé et avec un dossier gros que celui de Belsen, les procureurs adjoints, secrétaires et autres greffiers pouvaient bien s'octroyer une nuit un peu festive ! La Vie ne devait-elle pas reprendre ses droits ?

Julia Wenger était repassée dans sa chambre d'hôtel afin de prendre une longue douche chaude. Tandis qu'elle se maquillait, la jeune femme se surprit à sourire et à penser à autre chose qu'aux atrocités de Bergen-Belsen.

Au début, la substitut avait culpabilisé d'aller faire la fête avec ses collègues. Mais la guerre était finie ! et ce n'était pas en vivant de façon monacale que la jeune femme allait faire revenir à la vie les disparus ou guérir les malades qui, pour certains, ne rentreraient pas malgré les bons soins des médecins dans les sanatoriums.

Il était vingt heures lorsqu'elle descendit à la réception. Ronald avait revêtu un pantalon crème ainsi qu'une chemisette blanche ce qui lui donnait un air d'explorateur des années coloniales.

Il fut subjugué par la beauté de sa jeune collègue : vêtue d'un dos nus blanc ivoire qui soulignait la finesse de ses hanches et de talons de la même couleur qui rehaussaient sa petite taille, Julia était tout simplement magnifique et resplendissante. Ses cheveux noirs tombaient en cascade sur ses épaules et son maquillage léger mettait en évidence la douceur de ses yeux – que Ron savait pouvoir être durs !, attendu qu'en plus, la jeune femme n'avait pas chaussé ses éternelles lunettes.

« Tu es juste superbe… Souffla Dulcey lorsque Julia se pencha pour lui faire la bise.

- Merci monsieur, répondit l'intéressée en français.

Ron lui sourit et, spontanément, elle lui glissa le bras sous le sien. Les gens dans le hall se retournèrent au passage de ce si beau couple – qui n'en était pas un !, et nombre d'hommes tombèrent amoureux de la jeune femme qui, au passage, leur faisait respirer un doux parfum à la lavande que Julia avait acheté à Cologne à son arrivée.

Ils décidèrent d'aller au night-club le plus populaire du moment. Du moins, depuis qu'ils étaient arrivés.

Die Kusse[5] était le lieu de prédilection de tous les agents de la Couronne. On y mangeait dans une petite salle à l'étage avant d'aller danser sur l'une des deux pistes de dance du rez-de-chaussée jusqu'au bout de la nuit.

Le lieu avait été rouvert après une fermeture de trois ans par les nazis qui soupçonnaient l'endroit d'être un lieu de débauche dans lequel on pratiquait le vice italien entre hommes et le saphisme quelques soirs par semaine.

Le patron du lieu avait été arrêté avec sa femme et leurs deux enfants et, par chance, personne n'avait jamais rien pu prouver. Les nazis s'étaient bornés à des pseudos-témoignages et allégations mais n'avaient rien pu démontrer tant et si bien que toute la famille de Dominik avait pu être relâchée. Lui avait dû aller se battre sur le front Russe et était revenu avec une jambe en moins.

Gerda, sa femme, avait alors reprit d'une poigne de fer l'endroit et déchargé son mari de l'animation et du bar.

---

[5] Le baiser.

Aujourd'hui, *Die Kusse* était une institution pour les anglais : accueillis à bras ouverts par l'opulente Gerda – elle avait l'une de ces fameuses poitrines de tyrolienne qui lui permettait de servir trois chopes de bière en même temps en en « portant » une entre ces seins !, les Tommies se régalaient des plats typiques et généreux des enfants de la maison – Harold et Mara, qui tenaient leur savoir-faire de leur grand-mère.

Parfois, entre les tables de l'étage, pendant que les hommes et les femmes dinaient dans un décor de chalet Bavarois, on pouvait voir Dominik qui, à l'aide de cannes anglaises, passait entre les tables pour saluer ceux qu'il appelait « ses libérateurs ».

D'ailleurs, à son arrivée, Julia avait eu un peu honte d'aller dans ce genre d'endroit pour, ne serait-ce, boire un verre. Elle se sentait en pays ennemi dans un lieu chargé d'histoire avec des relents de nazisme et une odeur souffreteuse de génocide.

Or, il n'en était rien. Après quelques semaines, la jeune substitut avait vite compris que nombre d'allemands – dont les propriétaires de *Die Kusse*, avaient été les premières victimes de ce monstre nommé Hitler.

- Hallo, leur lança Greta en souriant. Vous êtes en beauté Herr Dulcey, lança la matrone avec un bon sourire qui éclaira son visage aux traits épais. Et vous aussi Fraulein ! venez, je vais vous mettre dans un coin tranquille que vous ayez l'impression d'être chez vous !

- Oh mais nous ne sommes pas ensemble ! s'exclama Julia sous le sourire de Ronald.

- Naturellement… murmura Gerda en souriant. »

Miss Wenger eut envie de frapper Ronald qui, visiblement, s'amusait de cette méprise. Non, impossible que nous ressemblions à un couple d'amoureux, se dit la jeune femme en montant un imposant escalier en bois qui sentait la cire et le miel.

Et pourtant... Gerda les installa dans une pièce à part du restaurant où il n'y avait qu'une table. Une bougie trônait sur cette dernière où le couvert avait été dressé pour deux personnes.

Dulcey explosa de rire en voyant ce décor. Gerda avait vraiment cru que les deux jeunes gens étaient amoureux et qu'ils avaient besoin de se retrouver le temps d'une soirée.

D'ailleurs, malgré le fait que Julia maugréa à la vue de cette mise en scène, elle passa un moment magnifique où l'on n'aborda aucun des sujets fâcheux...

Il était tard lorsque Ron et elle rentrèrent à leur hôtel et ils avaient un peu trop bu. Ils ne surent pas ce qui leur arriva lorsqu'ils commencèrent à s'embrasser dans le couloir. La tête de Julia disait non mais son corps le contraire. Elle avait envie de Ronald. Pas comme la fois où il était tard au bureau. Non. Elle avait faim de lui comme on est en appétit après un long jeûne.

Ils firent l'amour avec une sorte de bestialité toute animale comme s'ils célébraient le fait d'être en vie, de sentir et de ressentir le plaisir, de le donner, de le partager.

Ils vivaient tout simplement et, avec tout ce qu'ils avaient vu ici en moins d'un mois, cet interlude fut une sorte de libération pour la jeune femme qui dormit enfin sans faire de cauchemars, ce qui ne lui était pas arrivé depuis des semaines.

14

Julia et Ron ne reparlèrent pas de leur aventure et reprirent leurs activités comme si il ne s'était rien passé. Ce qui arrivait ici, dans cette ville perdue en Allemagne de l'Est, devait y rester. On n'oublierait pas, naturellement, mais on n'en reparlerait pas.

Le 17 Août, coiffée à nouveau d'un chignon strict avec son éternel ensemble noir, miss Wenger alla à Celle rencontrer deux autres prisonnières. La première se nommait Hilde Liesewitz et était née en 1922 à Grunwald. Surveillante SS à Gross-Rosen, elle avait fini sa carrière à Bergen-Belsen où elle avait été arrêtée par les Tommies.

Julia n'avait pas grand-chose sur cette femme hormis une photo d'elle lors de son arrestation. Liesewitz avait à peine 23 ans mais elle en faisait dix de plus. Son visage était dur avec des traits masculins et des cheveux mi-longs que, sur la photo, elle avait laissé détaché.

Miss Wenger entra dans une salle d'interrogatoire qui donnait aussi sur la Lindenstrasse. Il pleuvait dehors. Morne et triste, le ciel semblait de la même humeur que la substitut qui, elle aussi, commençait à ressentir le mal du pays conjugué à un ras-le-bol de ces criminelles qui l'agaçaient prodigieusement en faisant les idiotes, en la prenant pour une imbécile ou en mentant crânement.

Hilde avait forci depuis la photo et vêtu d'un chemisier noir qui avait dû lui aller naguère, elle ressemblait davantage à un saucisson qu'à une femme tant elle semblait à l'étroit dans ses vêtements.

Le manque d'activité avait joué un rôle certain dans cette prise de poids qui rendait encore plus masculin les traits de l'ancienne *Aufseherin*.

Liesewitz s'assit sans saluer et attendit que Julia lui parle. Elle semblait complètement désintéressée par ce qu'il allait se jouer là ce qui agaça profondément Julia.

« Bonjour Fräulein, commença la substitut. Pouvez-vous me dire pourquoi vous êtes en prison ?

- J'en sais rien, répondit l'autre avec un accent fort qui mâchait la fin des mots. Moi, j'travaillais dans un restaurant d'gare et après dans une usine d'munitions... C'est tout !
- Oui mais en 1944 vous avez été à Langelbielau pour apprendre à traiter des prisonnières avant de retourner dans votre usine... Là-bas vous les avez surveillées avant d'être évacuée vers Belsen en Janvier 1945 ;
- Oula la belle ! tout doux ! J'suis arrivée qu'en Mars 1945 à Belsen ! z'êtes arrivés pas longtemps après les *anglischen* !

Liesewitz lui mentait. Elle était arrivée bien plutôt à Bergen-Belsen mais Julia ne pouvait pas le prouver car les déportées avaient perdu la notion du temps là-bas... Ce qui était tout à fait compréhensible voir normal... Mais cela n'arrangeait pas ses affaires.

- Que faisiez-vous au camp ? demanda naïvement Julia.
- J'étais à la cuisine du camp. J'faisais faire à manger aux prisonnière avec c'qu'y avait c'est-à-dire des patates et du pain noir...
- Et le fait de servir dans un camp de concentration ne vous a pas gêné.
- J'vois pas le problème ! s'emporta l'autre. Je n'ai rien vu moi ! la cuisine était à l'aut' bout du camp ! On pouvait pas savoir ce qu'y s'passait ailleurs !

Miss Wenger tiqua. Quelle était donc cette farce ? Aurai-je passé un marché de dupe avec le Procureur Général de la Couronne pour être ainsi prise pour une sotte ? S'interrogea la jeune femme en écrivant ce que lui racontait l'autre.

- Le problème, Fräulein Liesewitz, c'est que j'ai un monceau de cadavres qui pourrissent sous terre. Le problème Fräulein Liesewitz est que des témoins disent vous avoir vu battre des femmes parce qu'elles grappillaient un peu de nourriture !

- C'est des conneries ! goguenarda l'autre en se renfrognant, rendant son visage encore plus ingrat si cela était possible. J'ai jamais rien fait d'mal ! Jamais je n'ai tapé personne ! Et j'crois que j'ai assez payé pour cela ! J'ai dû j'ter des cadavres dans des fosses moi ! vous' rendez compte ? Je savais même pas qu'y s'passait un truc louche là-bas et en plus j'ai dû aider !

Julia reboucha son stylo-plume, outrée. Cet interrogatoire ne servait à rien. D'une part, Julia n'avait qu'un ou deux témoins contre Liesewitz mais malheureusement, les deux étaient mortes sans qu'on puisse les confronter. Dans un second temps, même si elle mentait effrontément, miss Wenger ne pouvait pas le prouver car aucune trace d'elle n'était apparue dans les archives du camp ou les photos.

On la voyait juste habillée en SS sur ces dernières mais ce n'était pas assez pour l'envoyer à la potence !

« Z'allez faire quoi de moi ? Savez, j'ai été bête de rentrer dans la SS. J'aurais dû r'fuser et aller en prison. J'aurais t'nu le coup !

Miss Wenger leva ses yeux vers cette femme au physique masculin et pencha la tête à gauche. Etait-ce un aveu de culpabilité ? Une tactique pour l'apitoyer ? Ou une vérité que l'autre avait jusqu'alors gardée pour elle.

- Donc vous saviez que ce que vous faisiez était mal ?
- Oui et non. De la cuisine, je n'voyais rien. Seulement l'état général des filles qui était catastrophique. Mais après on m'avait dit que c'taient des prisonnières politiques... Alors...
- Et quand avez-vous su qu'elles étaient là uniquement parce qu'elles étaient juives ?
- Quand vous êtes arrivés... 'Vant ça j'savais pas. M'en fiche moi qu'elles soient juives... J'ai été bête... Et j'vous promets que j'ignorais tout...

Julia avait repris sa plume en main et notait les nouvelles déclarations d'Hilde. Quelque chose venait de toucher la jeune substitut. Liesewitz n'avait pas l'air d'être une mauvaise bougresse, juste une pauvre fille de la classe basse qui avait été enrôlée. Où elle alors elle joue sacrément bien la comédie, se dit Julia.

- Je ne sais pas encore ce qu'il adviendra de vous, lui dit-elle.
- Z'allez me tuer ? s'alarma l'autre en se redressant sur sa chaise. »

Miss Wenger ne sût jamais ce qu'il lui arriva ce jour-là mais à la question et à la tête d'Hilde Liesewitz, elle explosa d'un rire qui laissa son interlocutrice perplexe.

15

« Cette idée constante que l'on brûlait des gens ici créait une atmosphère pesante entre les déportées, continua Elya Erchtein. Vous savez, nous sommes parties d'Auschwitz en nous sentant libérées… Du moins dans la tête. Il faisait très froid, l'hiver Polonais est épouvantable et les températures peuvent aller jusqu'à moins trente… Nous étions enfin sur le départ de cet enfer sur terre. Si j'avais su… Je serais restée sur place. Le Russes sont arrivés trois jours après notre départ ! trois jours ! Ma sœur serait certainement encore en vie…

Julia regarda tristement la femme qui lui faisait face. Cette allemande des Sudettes avait vécu l'infernale Marche de la Mort de la haute Silésie vers le nord de l'Allemagne. Presqu'un mois à travers les routes à avoir faim, froid, à marcher dans des guenilles qui n'avaient que de nom « chaussures ».

- Et vous êtes arrivée à Bergen-Belsen… reprit doucement Julia pour faire revenir dans le présent la petite femme blonde d'à peine vingt-cinq ans.
- Oui… Il y avait des tonnes de cadavres qui s'empilaient à l'entrée. Les SS étaient impossibles et nous battaient encore plus que d'habitude… On nous a donné une sorte de médaille rectangulaire comme les militaires ont avec un numéro dessus. J'étais la 12586 ou 12568 je ne sais plus. Le matricule tatoué sur notre peau ne comptait plus là-bas.

Elya revivait son cauchemar avec, dans les yeux, une sorte de voile vaporeux dans lequel personne ne pouvait pénétrer. Comme une forteresse inaccessible. Ce regard avait vu des choses que Julia ne pouvait qu'imaginer et, encore, sans les bruits et les odeurs.

- Il y avait une responsable, une allemande comme nous, qui s'appelait Johanne Rothe. C'était une femme épouvantable. Elle racontait à qui voulait l'entendre qu'elle avait été enfermée en prison pour avoir vécu avec un Polonais... Elle était déjà à Bergen-Belsen à notre arrivée et je ne sais pas pourquoi une ... Excusez-moi par avance, mais comment une mégère pareille avait pu être nommée comme responsable de chambrée.

Les *stobowas* ou *stubendienst* étaient les cheffes d'une chambrée dans les baraquements qui en comprenaient deux. Au-dessus d'elles, Julia savait que l'on trouvait les *blockowas* qui régnaient en maîtresse absolue sur la baraque entière.

- Elle ne pourra plus vous faire de mal, répondit miss Wenger tout doucement en voyant les yeux d'Elya s'humidifier. Elle est en prison et sera jugée.
- J'espère, répondit l'autre dans un murmure. Elle était au block 199 où nous avons été installées avec ma sœur. Il n'y avait plus de place dans les châlits. On nous a dit que, provisoirement, nous dormirions dans les couloirs des baraques, à même la terre battue. Finalement nous y sommes restées jusqu'à la fin...

L'allemande portait encore les stigmates de son passage dans les camps : frêle, les yeux de ceux qui ont vu l'indicible, tremblante à l'idée de parler de son expérience, on sentait qu'Elya était encore traumatisée et le serait longtemps.

- Je vous promets de tout faire pour la faire condamner au maximum que je puisse. Mais j'ai besoin que vous me disiez ce qu'il s'est passé ?
- Je... Oui... Je peux fumer ?

Julia hocha la tête et offrit une cigarette anglaise à son interlocutrice. Il n'était pas rare que les anciens prisonniers fument depuis leur sortie : comme la cigarette leur permettait d'expirer dans une volute de fumée leur malheureuse expérience.

« Elle nous obligeait à l'appeler « Hanni ». Je crois que c'est le surnom que lui donnait son compagnon. Il avait été tué par la Gestapo. Ma sœur s'est trompée une fois et l'a appelée Frau Rothe. La *stubowa* l'a condamnée à 25 coups de bâton. Hannah ne s'est jamais relevée...

Elya commença à pleurer doucement. Sa sœur avait été tuée sous ses yeux par cette femme. Comment oublier ? Comment pardonner ?

« Je n'ai pas pu la sauver, continua l'allemande avec une voix chevrotante. Rothe m'a obligée à emmener moi-même le corps de ma sœur dans l'une des fosses à ciel ouvert... Elle ricanait comme une folle...

Julia nota scrupuleusement ces éléments tandis que, silencieusement, une greffière retranscrivait le témoignage de la déportée.

- Avez-vous Johanne Rothe commettre d'autres méfaits ?
- Oui… Une fois, elle nous a privées de soupe. Elle estimait que nous ne la méritions pas car, à Belsen, il n'y avait pas de travail. Nous passions toute la journée dans la baraque à attendre que le temps passe. Au bout de trois jours, certaines ont perdu la tête et sont sorties pour manger de l'herbe, de la boue ou un morceau de bois… Ca la faisait beaucoup rigoler.

Miss Wenger laissa à Elya le temps de reprendre ses esprits. Elle avait côtoyé la perversion, la cruauté et l'horreur à l'état pur. Représentées en une femme, censée donner la vie et apporter bonheur et amour à une famille !

« Je crois qu'elle n'était pas normale, poursuivit Elya. Elle prenait un malin plaisir à battre de son gourdin les plus faibles d'entre nous… Ma sœur n'est que l'une de ses victimes… Rothe ne supportait pas la saleté et, un soir, elle a décrété que nous irions nous laver. Bien sûr, nous n'étions pas dupes et nous attentions au pire…

Elya alluma une nouvelle cigarette sous le regard attentif de la jeune substitut. Qu'avait donc inventé cette folle de Johanne Rothe ?

« Ella a été chercher de la soupe bouillante et nous a aspergées avec, souffla l'autre. Certaines sont tombées dans la boue ce qui l'a mise en colère. Elle nous a traitées d'ingrates… Que l'on gâchait la nourriture. J'ai vraiment eu peur. Plus qu'à Auschwitz ou lors d'une sélection. Elle a vraiment perdu la tête et taper encore et encore sur celles qui tombaient. A la fin,

Rothe avait du sang humain partout sur elle et rigolait comme une démone sortie des enfers… Jamais je n'oublierai cette scène. »

16

Julia fut surprise lorsqu'Ilse Forster se présenta à la convocation qu'elle avait envoyée. Elle avait naturellement vu une photo de la gardienne et s'attendait à revoir une copie conforme de ce que l'image avait mémorisé pour toujours c'est-à-dire une femme aux traits lourds, à la tête un peu canine et au regard dur. Au lieu de cela, miss Wenger fit face à une jeune femme d'à peine 25 ans, maquillée avec soin, habillée à la dernière mode et aux cheveux relevés en un chignon épais. Certes, Ilse n'en restait pas moins une femme un peu trop forte pour sa petite taille mais elle n'avait plus rien à voir avec la triste et morne *Aufseherin* à la mine patibulaire de la photographie.

Et elle ne ressemble pas du tout à sœur, ne put s'empêcher de songer la substitut en s'asseyant de son côté de la table en cet après-midi ensoleillé du 19 Aout 1945.

C'était la vérité : Ilse et Ida avaient vingt ans d'écart et la cadette de la sororité Forster n'avaient pas les traits marqués par l'excès d'alcool ou la peau parcheminée de celle qui fumait trop. Jamais Julia n'aurait pu deviner que les deux femmes étaient sœurs tant leur différences physiques représentaient un contraste saisissant.

« Bonjour, commença la SS en souriant de toutes ses dents. Vous avez demandé à me voir ?

- En effet, répondit miss Wenger en se méfiant instantanément de cette voix trop douce et bien trop sucrée pour être franche et honnête.

- Que voulez-vous savoir ? demanda l'autre avec
  un sourire mutin.

Ce que je veux savoir ? S'interrogea mentalement Julia
avec colère, c'est si je vais pouvoir t'ôter ce sale petit
sourire mesquin de ton visage…

- Quel était votre rôle à Bergen-Belsen ?
- Je suis arrivée le 17 Février 1945 et ai été
  affectée à la cuisine I du camp des hommes.
  C'est tout.
- Non ce n'est pas tout Fräulein Forster. J'ai
  d'autres questions.
- Ah la bonne heure ! minauda l'autre en feignant
  la tristesse et en prenant un visage boudeur.
  Aurai-je quelque chose d'intéressant à vous
  raconter ?

Julia toisa son interlocutrice avec colère. Cette garce se
jouait d'elle et la prenait pour une sotte. Mais miss
Wenger avec un dossier très intéressant sur Ilse
Forster.

- Je voudrais savoir, murmura presque Julia, si
  vous avez déjà frappée une détenue.
- Jamais allons ! regardez-moi ! Je suis bien trop
  frêle.

Bah voyons, se dit la substitut avec dégoût. Ilse n'était
pas fragile, bien que de petite taille et certainement en
meilleure forme que les pauvres femmes qu'elle
encadrait.

- Vous aviez la charge de soixante femmes.
  Plusieurs affirment vous avoir vu battre à mort
  une jeune russe qui furetait aux alentours.

- Faux. Je ne vois pas de qui vous voulez parler, répondit l'allemande en feignant une pseudo-indignation.
- On vous aurait aussi vu emmener des femmes dans une pièce adjacente à la cuisine pour les battre violemment, certaines jusqu'au sang.
- Ah bon ? mais comment peut-on m'avoir vue alors que je les frappais soi-disant dans une autre pièce que la cuisine ? Non, impossible… Personne ne peut me reprocher quoi que ce soit car je n'ai rien fait.

Julia ne se départit pas de son calme. Ilse continuait de lui sourire et de lui parler comme si elle s'adressait à une handicapée mentale. Or, elle avait des preuves et décida d'abattre une partie de ses cartes.

- Pouvez-vous me lire ce témoignage et me dire si vous connaissez la personne qui l'a écrit.
- Oui, naturellement ! s'empressa de répondre l'autre en prenant la feuille que Julia lui tendait. Alors… Ah oui, elle je la connais. Elle faisait partie de l'équipe de nettoyage des sanitaires à Bergen-Belsen. J'ai supervisé ce kommando à un moment. Alors, que dit-elle.

Ilse commença à lire et son visage perdait de sa superbe au fur et à mesure qu'elle avançait dans la déposition à charge du témoin.

« Elle ment… Menteuse ! Menteuse ! Vitupéra Forster comme une gamine.

- Ah ? donc vous n'avez pas giflé puis frappé encore et encore sous les yeux de cette déportée.
- Non ! jamais !

113

- Vous mentez Ilse. J'ai une vingtaine de témoignages contre vous et votre propre sœur vous incrimine.
- Oh celle-là ! tonna la cadette des Forster. Qu'elle continue à se détruire le foie que j'ai la paix plus vite ! toutes des menteuses !

Le vrai visage de la gardienne apparu aux yeux de la substitut. Du beau masque de sérénité d'Ilse il ne restait plus rien. Ses yeux étaient comme deux fentes et son regard était froid comme la glace. Ses lèvres étaient pliées vers l'intérieur ce qui transformait sa bouche en une mince ligne maquillée d'un rouge à lèvres de la couleur du sang.

Elle était soudain effrayante et il n'y avait plus aucun doute qu'elle avait dû prendre part à des exactions sur les prisonnières tant son visage était devenue démoniaque.

- J'ai des témoins… Maintenant, ce que j'aimerais savoir est pourquoi. Si vous me dites la vérité, votre peine sera moindre puisque vous aurez collaboré avec moi.

Julia sut qu'elle avait gagnée la partie lorsque Forster lui jeta un regard mauvais. Elle était tombée dans le piège de la substitut et, se croyant perdue, décida de parler.

- Et je pourrais vivre ? Ne pas être pendue ?
- Je vous le promets.

Cela ne coutait rien à Julia qui n'avait pas l'intention de demander la peine capitale pour Forster. Elle n'avait pas assez de preuves pour cela et se contenterait de demander la prison à vie.

- Alors oui… J'ai battu mais jamais à mort. Lorsqu'elles volaient du pain ou des pommes de terre, je les frappais car cela était interdit. Mais jamais à mort !
- Mais l'état dans lequel se trouvait le camp à votre arrivée conjugué à la faim tenaillante de ces femmes les a poussées à voler !
- On ne vole par le Reich Fräulein Wenger, continua l'autre. A croire que leur déportation ne leur a pas appris, même à la fin, que l'Empire ne pouvait supporter ces parasites juifs, voleurs et menteurs ! ».

17

Julia commençait à avoir mal derrière son œil droit et la douleur menaçait de s'installer dans tout son crâne lorsqu'elle arriva à son bureau un peu plus tard dans la journée.

La migraine qui était en train de sourdre promettait d'être violente si la jeune femme ne prenait pas une aspirine. Lorsqu'elle pénétra dans la pièce qui lui était réservée, elle vit que, assis derrière son propre bureau, Ronald avait la tête des mauvais jours.

« Ne me demande pas comment je vais, lui dit son collègue, car je suis à deux doigts de voir ma tête exploser !

- On est deux alors, ne pût s'empêcher de répondre Julia avec un sourire malgré le fait qu'elle avait l'impression de sentir battre son cœur dans sa tête.
- Toi aussi tu as mal au crâne?
- Ne m'en parle pas !

Ron sortit de son bureau un petit sachet de poudre blanche et en versa avec un fond de whisky dans un verre qu'il tendit à Julia. Sans réfléchir davantage, la jeune femme but le liquide ambré. On voyait bien dans ce geste la confiance qu'elle accordait à son collègue, ami et, au passage, amant.

Miss Wenger n'était pas du genre à accepter de boire un verre d'alcool offert par un inconnu et encore moins si celui-ci y avait ajouté quelque chose – en l'occurrence de l'aspirine !, attendu qu'à Londres, elle

116

avait eu à sa charge nombre important d'accusations à mener contre de jeunes délinquants qui, pour avoir les faveurs de jeunes filles, n'hésitaient pas à les droguer en utilisant cette technique qui consistait à offrir un verre d'alcool dans lequel de la came avait été au préalable ajoutée.

Méfiante de nature, la jeune femme avait mis du temps à faire confiance à Ron et elle remercia le Ciel d'avoir laissé ses doutes derrière elle. Surtout en cet instant où l'alcool commençait à faire son travail anesthésiant. D'ici quelques minutes, la migraine disparaitrait comme elle était arrivée.

- Journée de merde pour toi aussi ? demanda Dulcey en sortant une cigarette.
- Oh oui, répondit Julia en s'asseyant mais en laissant tous ses documents dans sa sacoche. J'arrête pour aujourd'hui…
- Je commence ou tu le fais ? sourit Ron.

C'était un jeu entre eux depuis quelques temps. Lorsque tout deux avaient la mine des mauvais jours ou des nuits difficiles, ils se racontaient mutuellement leurs petits tracas en fumant, buvant et discutant. D'ailleurs, la première fois qu'ils avaient couchés ensemble dans leurs bureaux londoniens, la soirée avait débuté ainsi.

- Je t'en prie, lui dit Julia avec un sourire en retirant ses chaussures pour être plus à l'aise. Je te laisse ouvrir le bal !
- Ma chère et tendre a téléphoné… Tu me croiras quand je te dirais que je me suis fait engueuler

comme du poisson pourri parce que j'étais absent de la maison depuis moins d'un mois...

Julia finit son verre de whisky-aspirine avec un petit sourire. Elle connaissait de vue la femme de Ronald et cette dernière était aussi fermée que son mari ouvert. D'ailleurs, elle avait pensé nombre de fois que Dulcey avait fait une bêtise en épousant l'ex miss Walker, fille d'un banquier de la City. Mais n'était-elle pas tombée enceinte hors mariage ?

- Et je présume qu'elle pense que tu passes tes journées à me faire l'amour passionnément.
- Entre autre, ne put s'empêcher de sourire Ronald. Tu sais qu'elle ne comprend toujours pas comment une femme peut exercer un métier... D'homme de surcroît au lieu de fonder une famille.
- Ronald Thomas, je me moque de ce qu'elle pense et tu le sais. Mais sois assuré d'une chose : jamais je ne ferais quoique ce soit qui puisse mettre la zizanie dans ton couple. Ce qu'il s'est passé entre nous...
- Je sais...

Ils n'avaient pas besoin de mots pour expliquer leurs ressentis. Ron avait confiance en sa jeune collègue et savait pertinemment qu'elle n'irait jamais raconter leurs coucheries à qui que ce soit. Dulcey passait davantage de temps avec Julia qu'avec sa propre épouse mais uniquement à cause de son travail. D'ailleurs, lui-même se demandait parfois s'il aimait sa femme ou si l'enfant qu'elle portait à l'époque – fruit d'une nuit trop arrosée, n'était pas le seul motif qui l'aie poussé a emmener l'héritière de la Walker's family devant l'autel.

« A ton tour, lui dit Dulcey.

- J'ai rencontré Ilse Forster cet après-midi et elle a avoué une partie des faits. J'ai vérifié dans le code de procédure pénal et je ne pourrais demander que dix à quinze ans de prison. Je n'ai pas la preuve qu'elle ait tuée.
- Demande quinze, tu en auras dix ans…
- Oui, mais cette femme est une ordure de la pire espèce tellement engluée dans ses certitudes qu'elle en est à gifler…
- Et il n'y a que ça qui te rende migraineuse ? Allons, ne me mens pas, tu serais gentille ma petite Julia.

Il me connait vraiment bien ne put s'empêcher de penser la jeune femme en souriant et en sortant son stylo-plume de son cartable professionnel.

- Ta petite Julia est agacée par le comportement d'une SS qui ne s'est pas présentée à l'interrogatoire. Figures-toi qu'Irène Haschke n'a pas daigné sortir de sa cellule. Elle refuse catégoriquement de nous parler et préfère attendre le procès pour s'expliquer.
- Et merde !
- Comme tu dis… J'ai besoin de la voir pour étayer mon accusation et…

Au même instant, le téléphone de Julia se mit à sonner et elle décrocha. Elle fit signe à Ron de s'approcher et il prit l'écouteur du combiné.

« Merci de m'avoir rappelée docteur Whyle, dit Julia au psychiatre chargé du cas Bormann pour l'accusation. Mon collègue Ronald Dulcey et là aussi et il a pris l'écouteur.

- Pas de problème, répondit l'autre de sa voix rocailleuse.

Julia et Ron se regardèrent avec un bon sourire. Le docteur Whyle était un éminent psychiatre anglais qui, à présent à la retraite, exerçait de temps en temps des missions d'expertises pour le bureau du Procureur Général de la Couronne. Les deux substituts surent qu'ils avaient de la chance d'être tombé sur Reginald Whyle.

Tout d'abord, il était marié à une femme de confession juive et, malgré le fait que tous devaient se montrer impartiales et neutres, il était évident que le capital sympathie du praticien avait dû fondre comme neige au soleil lors de son entretien avec Joana Bormann, l'une des pires sadiques de toutes ces surveillantes.

Ensuite, Whyle était respecté et ses rapports n'étaient jamais contestés tant l'homme avait eu une carrière irréprochable et continuait de mener une existence sans tâches. Certains avocats avaient essayé de le discréditer un nombre incalculable de fois mais franc comme il était et totalement honnête, jamais aucune de ses expertises n'avaient été remise en question.

D'ailleurs, au grand désespoir des adjoints au procureur, lorsqu'il décrétait qu'un meurtrier n'était pas responsable de ses actes ou qu'un violeur avaient la syphilis depuis tellement d'année que son cerveau n'était plus que du gruyère – au point qu'il était dans l'incapacité de savoir que ce qu'il avait fait était mal !, les accusés étaient alors envoyés en hôpital psychiatrique et les charges abandonnées pour cause de déficience mentale.

Julia espérait en tout cas que ce jourd'hui cela irait dans leur sens car elle savait au plus profond d'elle-même que Bormann était coupable et avait agi en tout état de cause.

« Alors, j'ai vu votre petite dame là. Outre le fait qu'elle soit profondément antipathique je n'ai déterminé aucune maladie mentale. Elle est saine d'esprit au sens médical du terme.

Ronald leva le pouce en signe de victoire.

- Je vous avoue avoir fait faire cette expertise pour nous couvrir…
- Ah mais vous avez eu tout à fait raison, répondit Whyle avec le sourire dans la voix. Je vous avoue que moi-même au début ait été décontenancé par cette femme qui ment sur son âge par coquetterie, devrait porter des lunettes car elle y voit mal et se targue d'être très pieuse. Comment peut-elle prier notre Créateur en sachant tout ce qu'elle a fait là-bas ? Mais je me suis ressaisis et ai creusé un peu.
- Votre rapport ira donc dans notre sens ? Lui demanda Julia qui, soudain, sentit sa migraine s'envoler définitivement.
- Absolument miss Wenger. Joana Bormann n'est pas folle, schizophrène ou aliénée. Elle est juste amorale mais ne l'admettra jamais. Ce qu'elle a

fait, elle l'a fait en toute connaissance de ce qu'était la notion de bien et de mal.

- Je vous remercie docteur Whyle.
- Néanmoins, l'avertit ce dernier, elle continuera à nier. Bormann est terrorisée par la mort. Elle m'a avoué que rejoindre un autre monde lui faisait peur.
- Attendez, comprit la substitut sous le regard interrogateur de Dulcey, vous n'êtes pas en train de me dire que…
- … Si, la coupa Whyle qui avait deviné ses pensées. Cette gardienne à peur de l'Enfer. Elle n'admettra jamais rien pour sauver son âme des tourments du Diable promis par la Bible à quiconque tuerait son prochain. »

18

Deux jours plus tard, une pluie diluvienne tomba sur Lüneburg faisant remonter une humidité digne de ce que Julia avait connu sur la Tamise. Jamais la jeune femme n'aurait pu penser que dans cette lande perdue entre Hanovre et Hambourg le temps serait aussi changeant et difficile à supporter.

Lorsqu'elle arriva dans la prison de Celle, la substitut sentit une moiteur oppressante peser sur les lieux. Les Tommies n'avaient pas l'air dans leur plus grande forme, peu habitués qu'ils étaient à un climat aussi peu supportable.

Par les déportées, Julia savait que le temps et le climat qui régnaient à Bergen-Belsen rendaient les choses encore plus difficiles.

Comment pouvoir survivre en guenilles dans le froid mordant ? Comment ne pas contracter de maladie avec ces pluies qui tombaient à n'importe quelle heure du jour et de la nuit ? Comment ne pas tomber sans pouvoir se relever dans cette gadoue infâme dans laquelle on les obligeait à travailler ? Comment supporter l'atroce chaleur de cette lande allemande qui vous écrasait comme une chape de plomb ?

Toutes ces questions tournaient dans sa tête tandis qu'elle attendait Irene Hascke et, c'est dans ses pensées qu'elle attendit l'*Aufseherin*.

Elle n'eut pas longtemps à patienter : des cris provenant du couloir adjacent se firent entendre et, instinctivement, miss Wenger se leva pour aller voir de quoi il en retournait.

Elle ouvrit la porte donnant sur les allées de la prison et vit que la gardienne SS se débattait avec un anglais.

« Non ! Gueulait-elle en allemand d'une voix stridente. Lâchez-moi ! Je ne veux pas y aller ! Je n'ai rien à dire !

- Madame, ne rendez-pas les choses plus difficiles, lui répondit calmement le Tommy dans un allemand hésitant. Voilà… Nous y sommes.

Haschke cracha au visage du gardien sous les yeux d'une Julia médusée.

- Fräulein ! tonna la belle brune aux lunettes. Ca suffit ! calmez-vous !
- Quoi ? C'est qui cette juive !
- Elle n'est pas juive, répondit le Tommy en serrant Irène par le bras pour la trainer vers la salle d'interrogatoire.
- Eh bah elle en la tête !

Miss Wenger fut effarée par les propos de l'allemande que son collègue assit d'autorité sur la chaise.

- Voulez-vous que je reste avec vous miss Wenger ? demanda le Tommy en jetant un coup d'œil sévère sur la prisonnière.
- Non, ça ira. Ne vous inquiétez pas.

L'officier hocha la tête et sortit tandis que Haschke sortit son paquet de cigarettes en fixant Julia se son regard bovin aux yeux globuleux.

Attendu qu'elle n'avait pas daignée répondre à la précédente convocation, miss Wenger avait dû employer la manière forte en délivrant un mandat d'amener : de gré ou de force, Irène Haschke lui serait présentée en salle d'interrogatoire pour être vue par l'adjointe au Procureur Général de la Couronne !

- Vous êtes contente ? demanda l'autre en allumant sa cigarette. Ca vous fait mouiller de voir une femme se faire violenter par un homme ?
- Fraulein Haschke, commença Julia sans répondre à la question sans but d'Irène, je vous ai fait venir afin de compléter votre dossier pour le tribunal.
- Je ne vous dirai rien ! cracha l'ancienne surveillante avec dégout. Je n'ai rien à vous dire ! et je suis sûre qu'en plus vous êtes juive !
- Vous êtes bien née à Friedeberg, en Haute-Silésie le 16 Février 1921 ?

L'autre ne lui répondit pas, se contentant de la toiser en fumant sa cigarette. Miss Wenger sentit que la partie allait être serrée. Devant le mutisme de l'allemande, que faire ?

« Vous étiez ouvrière dans une usine textile jusqu'en 1944 et avez été envoyée en formation à partir du 16 Août de la même année à Gross-Rosen puis Langenbielau pour y apprendre à devenir *Aufseherin*, c'est bien cela.

- Allez savoir… Murmura l'autre avec un mauvais sourire qui rendait son visage encore plus masculin.
- Fräulein Haschke, il est dans votre intérêt de m'aider. Faites preuve de bonne volonté et la peine sera moins…

- Pauvre conne, siffla l'autre. Si tu crois que tu me fais peur avec tes menaces ! Ah tu peux me servir autant de « Fräulein » que tu veux ! je ne te dirais rien et tu ne peux rien prouver vermine enjuivée !

Julia écrivait avec son stylo-plume ce que lui disait l'allemande mais elle ne pouvait s'empêcher, à cet instant, de haïr cette femme.

- Nous avons des témoignages qui nous indiquent que vous avez travaillé à la cuisine de Bergen-Belsen. Est-ce la vérité ?

L'autre la toisa à nouveau sans lui répondre.

« Il y avait une citerne à eau à proximité de votre lieu d'affectation. On vous y aurait vu pousser une détenue qui y buvait avant d'appuyer sur sa tête pour la noyer. Est-ce vrai ?

- Cherche toujours à me coincer sale Juive. Je n'ai rien à te dire !
- Avez-vous déjà battu des femmes ?

Haschke se contenta de sortir une nouvelle cigarette qu'elle alluma avec les restes de la précédente.

« Avez-vous déjà privé les femmes que vous aviez sous vos ordres de nourriture et d'eau ?

A nouveau, l'autre ne répondit pas, se contentant de soupirer en haussant les yeux au plafond.

- Irène, murmura Julia, qui commençait à perdre patience, vous ne vous aidez pas ! Dites-moi si les informations que nous avons sur vous sont exactes et je me montrerai clémente.

L'allemande explosa d'un rire sonore qui finit de faire sortir de ses gonds la substitut.

- Va te faire foutre sale juive ! vitupéra Irène en se levant. Je ne te dirai rien. Je me réserve pour le tribunal.
- La justice risque de se montrer sévère avec vous devant votre manque de coopération.
- C'est ça ! on verra bien ! J'irai certainement en prison car les dés sont pipés mais tu ne sauras rien et je nierai tout… Et j'ai hâte de voir vos témoins ! Gardiens ! hurla Haschke. »

A peine fut-elle sortie de la pièce que Julia sentit une nausée violente la cueillir. Mais de quel bois étaient donc faites ces femmes ? Ne put-elle s'empêcher de se demander en rangeant ses affaires.

19

Une montagne de courriers arriva le 23 Aout 1945 au bureau de Julia et Ron. Il n'était pas inhabituel que les services postaux fonctionnent encore mal en ces temps encore incertains bien que la guerre soit finie et c'était toujours avec une certaine surprise-teintée d'un peu d'angoisse au vu du nombre de missives !, que miss Wenger voyait son collègue préposé à la distribution des lettres lui apporter un monceau de courriers.

Julia et Ron sacrifiaient alors une demi-journée à ouvrir les épitres et à les lire. Le courrier qui arrivait venait du monde entier : France, Angleterre, Israël, Grèce et même Etats-Unis. La raison était simple : les organisations juives qui avaient créées des associations d'anciens déportés étaient au courant des procès à venir contre les bourreaux de l'Holocauste et ils poussaient les victimes à témoigner, au moins par écrit, contre ces monstres sanguinaires qui leur avaient fait tant de mal.

« A croire que tu deviens populaire, dit Dulcey en constatant que lui-même n'avait que trois ou quatre lettres. Tu as beaucoup d'admirateurs ! Je me sens peiné !

- Tu es un idiot Ronald Thomas Dulcey, lui répondit Julia avec humeur.
- Je rigolais… A mon avis, le fait que nous fassions un procès à ces femmes à dû faire le tour du monde.

- Oui, je n'en doute pas… Mais je vais avoir beaucoup de travail en plus à tout éplucher… Surtout que nous devons bien faire attention.
- Oh oui… Qu'on ne refasse pas la même erreur qu'avec Ruth Woleski…

Cette dernière avait été l'une des premières à contacter le bureau du Procureur Général de la Couronne pour y raconter sa déportation et ce qu'elle prétendait avoir vu. Au début, Julia avait presque eu les larmes aux yeux en entendant ce premier témoignage d'une atrocité sans nom. Mais quelque chose avait poussé la jeune femme à faire des recherches un peu plus avancées et il s'était avéré que jamais Ruth Woleski n'avait été déportée et, en prime, elle avait inventé toute sa macabre histoire.

Miss Wenger avait alors menacé l'intéressée de la poursuivre pour dénonciation de faits imaginaires mais y avait renoncé lorsque l'autre lui avait dit qu'elle avait fait cela pour obtenir une réparation financière qui l'aiderait à vivre, attendu que son fiancé était mort au front, lui laissant un enfant en bas-âge sur les bras. Ils n'étaient pas officiellement mariés, aussi la Couronne n'indemniserait pas la jeune femme pour son veuvage.

- Tu m'aides ? demanda Julia.
- Oui, volontiers ! comment faisons-nous ?
- Lis en diagonale et si tu vois le nom d'une criminelle qui est dans nos geôles tu me le mets de côté. Tu envoies les autres au service d'indemnisation qui fera son enquête.

En effet, chaque personne ayant été déportée avait le droit à une compensation financière que l'on surnommait « la réparation ». Un bureau avait été créé dans toutes les capitales européennes pour étudier chaque cas, vérifier l'authenticité des témoignages puis indemniser selon un barème d'une opacité indescriptible.

Vêtue d'une petite robe à fleurs, Julia s'assit à même le sol en ôtant ses escarpins. Ronald fit de même et se mit en tailleur ce qui, pour un grand échalas comme lui, relevait d'une prouesse tant il était souple comme une planche de bois.

Il faisait encore une chaleur écrasante au 31 Lindenstrasse et l'orage qui avait explosé l'autre nuit ainsi que les pluies quasi-diluviennes n'y avaient rien fait.

Ils passèrent plus de deux heures à ouvrir les enveloppes, lire les témoignages en diagonal et décider dans quelle pile les classer.

Alors que Julia arrivait à la fin d'une énième lettre venant d'Irlande et écrite dans un anglais approximatif, elle entendit Dulcey jurer et releva la tête.

- Ronald Thomas Dul… commença-t-elle prête à lui rappeler quelques règles de bienséance.
- Attends, la coupa Ron. Je crois que j'ai quelque chose qui va t'intéresser. Tu ne m'as pas dit que tu cherchais des informations sur la surveillante Frieda Walter ?
- Si ! je n'ai pas grand-chose contre elle !
- Je crois que tu vas avoir du grain à moudre ma chère petite Julia ! lui dit Dulcey avec son

sourire ravageur en lui montrant une feuille noircie à l'encre ».

*

« Chère Madame, cher Monsieur,

Je me nomme Sarah Sterne-Bergstein et je suis née en 1928 à Aix-La-Chapelle en Allemagne. Nous avons dû fuir mon pays de naissance en 1936 lorsqu'un fou nommé Hitler a décidé de nous exterminer. Nous avons vécu tranquillement aux Pays-Bas jusqu'en 1939 puis, ensuite, dans la clandestinité car mon frère avait reçu une convocation pour « aller travailler à l'Est » comme nombre de nos amis juifs.
Maman savait ce que cela signifiait car l'une de ses amies travaillait au ministère de l'intérieur. Il s'agissait de nous faire sortir de nos cachettes ou, tout simplement, de nous dénoncer en tant que juifs afin de faciliter la démarche des nazis de nous exterminer dans leurs camps d'internement.
Quoiqu'il en soit, mes parents, mon frère et moi avons vécu cachés dans un immeuble abandonné des faubourgs de Maastricht.
Nous avons été dénoncés par des voisins sans doute et, en 1944 avons été arrêtés puis emmener à la gare direction Westerbork, un camp de transit perdu aux Pays-Bas.
Nous y sommes restés très peu de temps avant d'être transférés à Auschwitz. A peine débarqués, papa et maman sont montés dans les camions. Ils n'arrivaient

plus à marcher et le transport aura fini de les achever. Malheureusement, les camions allaient directement à la chambre à gaz mais, cela, nous ne le savions pas.

Je n'ai plus revu mon frère. Sur la rampe, il a été sélectionné pour le travail et est parti au camp des hommes. A ce jour, je continue d'espérer qu'il est en vie et prie tous les jours dans ce sens.

Je suis restée jusqu'en Décembre 1944 à Auschwitz-Birkenau et ai été évacuée par train le 26 du mois. Les wagons étaient à ciel ouvert et nous étions entassées à plus de cent par plateforme. Nombre de mes compagnes sont mortes en chemin et, à notre arrivée à Bergen-Belsen, nous étions à peine une centaine encore valides.

Le camp était dans un état effroyable et jamais je n'aurais imaginé pouvoir voir autant de choses immondes et atroces faites par des hommes et des femmes à d'autres êtres humains.

J'ai été affectée au Kiesek Kommando qui était en réalité le jardin et le potager du commandant du camp. Il faisait un froid affreux et j'ai cru mourir mille fois tant j'étais affaiblie et supportais de moins en moins les longs appels qui s'éternisaient.

Si je vous écris aujourd'hui, c'est afin de vous parler de l'Aufseherin en charge de notre groupe de travail (nous étions soixante mais elle en avait quinze sous sa coupe) à partir de début Mars 1945.

Elle s'appelle Frieda Walter. Cette femme est la pire saleté (je m'excuse du terme mais je ne sais comment la qualifier autrement) que j'ai pu rencontrer durant mon enfer concentrationnaire. Elle avait 23 ans et ressemblait à un homme. Son visage était ingrat et elle n'avait pas l'air normal. Elle était effrayante et, pour moi, elle avait un problème psychique.

Elle nous a dit être une ancienne employée d'usine textile et qu'en 1944 elle avait été recrutée par la SS avant de retourner dans son entreprise mais cette fois ci comme surveillante des prisonnières.

Elle minaudait en racontant que de simple employée non-qualifiée elle était devenue une sorte de cheffe que tout le monde respectait.

Moi je crois qu'en fait on la craignait déjà à l'époque tant son comportement était atroce.

Je ne l'ai jamais vu frapper quelqu'un avec sa badine ou son gourdin. Non, Frieda avait « sa technique ». Ses mains.

Ces dernières étaient démesurées et faites comme celles d'un homme. Elle s'en servait comme des battoirs et giflait encore et encore. Lorsqu'une copine de misère tombait d'épuisement, Walter se précipitait vers elle, la faisait tomber avant de se mettre à califourchon sur elle et de lui administrer au minimum dix claques. Si l'autre criait elle doublait. Le tout sous des insultes et des propos que je n'ose répéter tant ils sont épouvantablement antisémites.

Si je vous écris ce jour, c'est aussi parce que nous ne sommes plus beaucoup à avoir vu « l'inimaginable » Frieda frapper avec ses énormes mains. Comment, dans notre état, nous relever après un tel châtiment ? Beaucoup en sont mortes et elle nous obligeait à regarder les cadavres afin que « cela nous serve d'exemple ».

Une fois, j'ai remarqué que Frieda semblait tout heureuse, toute excitée comme une primo communiante.

Cela m'a intriguée d'autant plus que, le midi, elle nous avait laissé une heure de pause au lieu de la demi-heure règlementaire.

J'ai vite compris pourquoi...

Une de nos compagnes, fraîchement arrivée, était encore relativement en bonne santé et ses cheveux n'avaient pas été rasés du fait de leur belle couleur miel. C'était une allemande, juive comme nous, mais qui ne ressemblait en rien à ce que Gobbels dépeignait de nous...

J'ai vu Frieda partir derrière un block avec cette jeune femme blonde. Je les ai suivies sentant le traquenard et ce que je vous rapporte aujourd'hui est la stricte vérité.

Frieda Walter avait la main dans la culotte de ma compagne. Elle l'embrassait dans le cou tandis que mon amie faisait une moue dégoutée. Le spectacle était irréaliste et voir ainsi un bourreau profiter de la faiblesse d'une internée m'a emplie de dégoût.

Ensuite, Frida a baissé sa jupe culotte et a ordonné à ma compagne de lui lécher l'entrecuisse. Elle a refusé. Walter est alors rentrée dans une rage folle et l'a giflée avec une violence inouïe.

La déportée est tombée dans la boue. Frieda a continué à la gifler en se masturbant de façon obscène. J'ai entendu un « crac » et ai compris que la SS venait d'infliger l'ultime claque, cassant la nuque gracile de mon amie. Walter a alors poussé une sorte de *grognement. Je crois qu'elle a eu un orgasme en tuant cette jolie jeune fille au corps encore peu abimé par les affres de la déportation.*

J'ai déguerpi en vitesse pour ne pas me faire prendre mais jamais je n'oublierai ce moment.

Je suis naturellement prête à venir témoigner si vous estimiez que ma lettre ne suffit pas.

Je crois que même la mort serait trop douce pour cette horrible femme. Punissez-là et venger cette jeune fille blonde qui n'a eu qu'un seul malheur : être trop belle...

Je vous remercie et... »

Julia sortit précipitamment du bureau sous les yeux inquiets de Ronald qui avait vu le visage de sa collègue devenir comme la craie.

A peine arrivée aux toilettes, miss Wenger vomit comme jamais elle ne se souvenait l'avoir fait.

20

« Charlotte Klein est une idiote doublée d'une menteuse, répondit Gertrud Sauer à la question que venait de lui poser Julia. J'ai 45 ans et elle est pourrait-être ma fille. Soyez assurée Fraulein Wenger que si tel avait été le cas je l'aurais giflée à maintes reprises.

Le ton de l'entretien était donné et Julia ne fut pas surprise outre mesure par les propos de cette solide matronne qui approchait doucement la cinquantaine.

On était le 23 Août et les températures avaient enfin daigné redescendre de cinq bons degrés ce qui rendait naturellement l'air davantage respirable.

Miss Wenger venait de demander à la petite femme replète et aux cheveux permanentés avec soin si elle avait déjà frappé de prisonnières ce qui semblait être justifié par les témoigages de plusieurs déportées mais aussi de deux collègues : Charlottes Klein et Klara Opitz.

- Et pour Fraulein Opitz ? questionna la substitut. Elle ment elle aussi ?
- C'est une sotte. Elle ment, c'est évident. Vous ne comprennez donc pas qu'elles essaient au maximum de se dédouanner en accusant un coup l'une un coup l'autre ? Si je vous dis que je n'ai jamais battue personne avec un gourdin ou une cravache c'est que c'est vrai !
- Et avec vos mains ? interrogea spontannément la substitut.

- Oui, naturellement. Lorque les prisonnières volaient un peu de nourriture ou n'allaient pas assez vite à la *Sauna*.

Julia nota avec attention cette information. Gertrud Sauer était l'une des seules SS mariée ce qui faisait d'elle une sorte d'exception. Les autres étaient toutes célibataires et avaient eu de relation sexuelles avec des collègues des deux sexes.

Elle était née en 1904 et avait passé presque vingt ans de sa vie dans une usine de munitions de Gorlitz, en Silésie. Julia avait mené sa petite enquête quant au passé de l'autre et, là-bas, personne n'avait jamais daigné critiquer Frau Sauer qui était une employée modèle : non qualifiée à son entrée dans l'usine, elle avait monté les échelons pour devenir contremaîtresse ce qui faisait figure d'exception dans une entreprise où le travail était plutôt de celui taillé pour un homme.

Sans histoires, Sauer menait la vie de madame « tout le monde » jusqu'en 1944 où son usine décida d'accueilir 1300 prisonniers pour les faire travailler.

Par le jeu de la conscription, Gertrud avait été nommée surveillante et envoyée en formation à Langenbielau. Elle fût évacuée lors de l'avancée des Soviétiques et envoyée pour servir à Bergen-Belsen où elle fût en charge de l'une des cuisines mais aussi de ce que les nazis appelaient pompeusement « la salle de bains ».

- Quel était votre rôle à la *Sauna* ?
- Je devais faire en sorte que les femmes se déshabillent vite avant de les faire plonger dans une baignoire dans laquelle se trouvait un désinfectant liquide. Après, elles devaient

plonger dans un baquet d'eau pure pour se rincer. Elles sortaient ensuite avec de nouveaux vêtements et retournaient à leur baraquement.

- L'eau était chaude ?
- Non, froide.
- Et voir toutes ces femmes nues, cadavériques, malades et dénutries ne vous a pas perturbée ? Vous n'avez rien ressenti ?

Sauer expira à fond et passa sa langue sur sa lèvre inférieure en baissant les yeux, comme si elle réflechissait.

- Si, ça m'a fait drôle... Mais que vouliez-vous que je fasse ? Je n'étais pas la seule gardienne... Ehlert furetait partout, Kopper passait son temps à nous dénoncer mutuellement à Volkenrath. J'étais piégée quelque part...
- Kopper était une kapo, elle avait moins de pouvoir que vous dans la hiérarchie. Vous auriez pû la battre ou la tuer qu'il ne vous serait rien arrivé...
- Détrompez-vous FrauleinWenger. Cette ordure avait des relation très particulières avec Volkenrath...

Julia fronça les sourcils et comprit dans les yeux de Gertrud ce que voulait dire le terme de « relations particulières ». Elles étaient « bonnes amies » comme on disait autrefois.

- Avez-vous déjà eu le rôle de coiffeuse à Bergen-Belsen ?
- Jamais. Je n'ai jamais tondu la moindre femme. Ce boulot était donné à une kapo ou à une cheffe

de block. En tant que femmes SS, nous n'avions pas à faire ces besognes que nos chefs jugeaient ingrates.

Et pour cause : les femmes étaient malades de la typhoïde, pleines de poux, sales comme on ne pourrait l'imaginer. Fiers et ne voulant pas se salir en approchant de trop près ces pauvres hères, les allemands laissaient ce travail repoussant aux droits communs qu'ils n'appréciaient pas forcément mais qui s'avéraient être des gardiennes féroces et des bêtes dociles bien trop heureuses d'obéir plutôt que de retourner en prison !

- Pourquoi l'on vous incrimine autant ? Demanda miss Wenger. Vous reconnaîtrez quand même que…

- Je n'en sais rien, coupa Gertrud Sauer. Mais je veux expier mes fautes. Jamais je n'aurais dû accepter d'être enrôlée comme gardienne. On était en 1944 et mon mari m'avait prévenue que la guerre était en train de se terminer. Lâchement j'ai signé et suis partie être formée à Langenbielau et Gross Rosen. Je ne me le pardonnerai jamais.

Julia plongea son regard au fond des yeux de l'allemande et y décela une véritable souffrance mêlée à une colère. Colère contre elle-même, contre sa faiblesse et, certainement, contre la bêtise qu'elle avait faite en entrant dans la SS.

- Je vais être honnête avec vous Frau Sauer, lui dit Julia en rebouchant son stylo-plume. Je n'ai que très peu de témoignages contre vous et, sincèrement, les accusations de vos collègues ne m'impressionnent pas tant je n'ai aucune confiance en leurs dires.

- Je veux être punie, reprit Gertrud. J'ai vendu mon âme au Diable. Enfermez-moi le temps qu'il vous plaira... ».

Dignement, Sauer se leva et appela un Tommy pour retourner dans sa cellule. Julia comptait bien faire condamner cette femme qui, avant tout, était une nazie. Mais la peine qu'elle demanderait serait moins lourde tant l'allemande l'avait convaincue de sa volonté de rédemption.

21

Helena Kopper était une solide polonaise de 35 ans qui parlait l'allemand avec un fort accent slave. Vêtue d'une jupe noire et d'une chemise blanche, elle avait les cheveux aussi noirs que ceux de Julia et un regard dur. Miss Wenger comprit immédiatement que la trentenaire n'était pas à l'aise dans la salle d'interrogatoire, jetant des regards furtifs à droite et à gauche comme si elle avait peur d'être surveillée.

« Tout va bien Fraulein Kopper ? demanda Julia en entamant une page vierge de son callepin. Vous n'avez pas l'air bien.

- J'ai peur, dit l'autre d'une voix assez rauque.
- Peur de quoi ? interrogea naîvement la substitut.
- Des autres… Je suis un témoin à charge important pour ce procès et je peux faire tomber beaucoup de têtes !

Julia faillit tomber de sa chaise devant l'aplomb manifeste de cette femme qui semblait bien trop sûre d'elle. Certes, Kopper était un témoin comme les autres et, à la base, une victime puisqu'elle était cheffe de block à Bergen-Belsen du fait qu'elle était prisonnière de droit commun. Mais l'adjointe au Procureur Général de la Couronne savait que derrière cette agnelle se cachait une louve de la pire espèce.

Autant Gertrud Sauer qu'elle avait vue le matin même semblait sincère autant Kopper transpirait le vice, la duperie et la volonté de se dédouaner au maximum.

- Helena, commença doucement Julia afin de mettre à l'aise son interlocutrice. Il ne vous arrivera rien ici… De qui avez-vous peur exactement ?

- De Bormann et Volkenrath. Ce sont elles les pires sadiques de Belsen ! L'une jetait son chien affamé sur les déportées et l'autre les battait sans vergogne. Elles participaient aussi aux sélections et prenait un malin plaisir à envoyer au gaz les enfants et les mères.

- Vous saviez qu'il y avait des chambres à gaz à Auschwitz ?

- Evidemment ! s'agaça Kopper. Tout le monde le savait ! Elles sont toutes à dire que, lors des sélections, elle ne faisaient que noter le numéro de ceux que l'on allait gazer et soutiennent n'avoir jamais sû qu'on allait assassiner les retenus pour le traitement spécial… Mon œil oui ! Volkenrath disait à celles qui n'étaient pas sélectionnées « qu'elle ne crameraient pas aujourd'hui ». C'est qu'elle savait !

C'était l'évidence même et miss Wenger nota l'information en la soulignant. Elle n'avait jamais été dupe quant à Elisabeth Wolkentath et se doutait que l'allemande lui mentait. Elle en avait maintenant la certitude avec un témoin à charge.

- Et vous Helena. Quel était votre rôle ?

- J'ai été arrêtée en 1940 pour être en possession de tracts anti-allemands et ai été envoyée à Ravensbruck puis Auschwitz. On m'a nommée responsable de chambrée là-bas puisque j'étais une droit-commun.

- Vous auriez dû être reconnue prisonnière politique…
- Oui… Mais ma fiche n'a jamais suivi. Cela m'a permise d'être directement responsable d'une chambrée puis, ensuite d'un block. Il en fut de même à Bergen-Belsen.

Julia n'avait pas cette information et la savait invérifiable. Les archives du camp d'Auschwitz avaient brûlé et le rôle de Kopper là-bas ne reposait que sur des témoignages.

Pour Bergen-Belsen, cela était différent mais la polonaise ne le savait pas.

- Avez-vous déjà frappé des détenues en tant que cheffe de block ? demanda naïvement Julia.
- Non… Enfin, si mais uniquement lorsqu'elle refusaient de se lever le matin pour l'appel. Vous savez, j'étais au camp III de Bergen-Belsen. Celui des tentes… Il n'y avait plus de place alors ils avaient dressé d'immenses chapiteaux couleur sable pour y faire dormir à même le sol les prisonnières.
- Et vous ?
- Nous avions une tente aménagée et un peu plus confortable… Mais ce n'était pas le luxe !

Kopper semblait ravie de raconter sa petite histoire. Cherchait-elle à se faire plaindre ou a attirer la sympathie de son accusatrice?

- Je me doute bien que vous n'avez pas été déportée par choix mais cela vous obligeait-il à frapper les détenues ? J'ai un témoignage d'une

143

jeune française déportée vers Birkenau et ensuite à Belsen.

- Et que dit-elle ?
- Selon elle, une fois, elle s'était rendormie ce qui faisait que vous n'aviez pas votre compte... Vous seriez rentrée dans une rage folle et l'auriez frappée jusqu'à ce qu'elle s'écroule... Vous avez cogné tellement fort qu'elle en gardera une cicatrice à vie. Est-ce vrai ?
- Non... Navrée... Cela ne me dit rien...

Helena mentait. Elle avait répondu trop vite et baissé les yeux lorsque Julia avait retranscrit oralement le témoignage de la française.

- J'ai aussi entendu dire que vous jouiez contament le rôle de dénonciatrice. Est-ce vrai ou faux ?
- Je ne comprends pas le sens de votre question...
- Passiez-vous du temps à raconter à vos cheffes les agissements de vos collègues ? Espionniez-vous les détenues pour mieux aller raconter derrière ce qu'elles avaient fait pour qu'elle soient punies par leurs cheffes de block ou les surveillantes ?
- Non.
- Vous mentez Helena Kopper et je le sais.

La phrase de Julia tomba comme un couperet dans la salle d'interrogatoire où il faisait doux pour la première fois que miss Wenger y venait.

Kopper jeta un regard mauvais à son interlocutrice et se lécha les lèvres avant de croiser ses bras contre sa poitrine en s'adossant à sa chaise.

- Je mens ? Qu'en savez-vous ? demanda Helena avec sa grosse voix.
- Je le sais car j'ai des témoins.
- Moi aussi je suis un témoin ! J'exige d'ailleurs d'être traitée comme tel !
- Ce qui signifie ?
- Je veux être protégée et demande l'immunité.

Si Julia n'avait pas été comme assommée par les propos de la polonaise, elle aurait certainement explosé de rire.

- Je vous demande pardon ? souffla la substitut. Vous plaisantez naturellement.
- Absolument pas ! J'ai des informations et ne vous le donnerais que si j'ai un accord.

Un accord… Comme si miss Wenger allait proposer à une criminelle, délatrice de surcroit, une peine négociée ! Mais jamais le Procureur Général de la Couronne n'accepterait et de toute façon Julia n'avait aucunement le besoin de passer un marché avec cette horrible femme.

- Vous n'aurez rien, Helena Kopper, de notre part. Vous êtes peut-être un témoin à charge, certainement une victime aussi des nazis mais nous avons assez d'éléments à charge pour vous condamner à la prison à vie.
- Quoi ? suffoqua l'autre. Mais vous ne voulez pas plus d'informations sur Bormann ou Volkenrath ? Je peux vous décrire des scènes que j'ai vues et…

- Ces deux femmes ont un dossier tellement épais que je n'ai besoin de rien d'autre pour les faire pendre... Désolée Helena, c'est non.
- La prison à vie ! non ! c'est impossible ! je suis trop jeune pour y être enfermée ! Et si j'avoue ? Si j'avoue tout ? Me laisserez-vous sortir ?
- Qu'avez-vous à avouer ?
- J'ai toujours jouer le rôle de dénonciatrice, vous avez raison. Et oui j'ai battu des femmes pour des raisons parfois injustifiées. Mais je vous assure que je n'ai fait qu'obéir aux ordre de Joana Bormann et d'Elisabeth Volkenrath. Rien d'autre !

Décidément, Kopper en avait après les deux SS ! A croire qu'elle les détestait... Ce qui devait sans doute être le cas pour être aussi véhémente à leur encontre.

- Je suis désolée, répéta à nouveau Julia en mettant le bouchon sur son stylo-plume. Je ne peux rien pour vous.
- Mais j'ai avoué !
- Oui. Devant votre coopération la peine sera moins lourde... Mais vous serez condamnée, soyez-en assurée ».

L'autre se mit à pleurer bruyamment ce qui eu le dont d'agacer profondément la jeune femme qui ne supportait pas les jérémiades des coupables qui prenaient conscience de la gravité de leurs actes.

Sans un regard pour Kopper, miss Wenger sortit de la salle d'interrogatoire, satisfaite comme jamais depuis longtemps de son travail.

22

« Ta Kopper à l'air d'être une femme charmante et adorable, sourit Ronald alors que Julia venait de lui raconter son entrevue avec la blockowa.

- Oui, aimante et tout à fait agréable… rigola un peu bêtement miss Wenger qui n'éprouvait aucune compassion pour Helena.
- Tu vas demander quoi ?
- Vingt ans… Je ne peux guère faire plus attendu qu'elle était une droit-commun, déportée elle aussi. Mais je pense sincèrement que cette vipère, outre le fait qu'elle ait jouée le rôle de dénonciatrice, a tué de ses propres mains.
- Demande trente ans, tu auras la moitié, lui dit Dulcey avec un clin d'œil.

Il faisait doux ce soir-là et les deux collègues et amis avaient décidé d'aller diner au mess des officiers en position à Luneburg.

Ils avaient eu envie de manger anglais ce soir car, même si le « *fish and chips* » qu'on leur servait ici n'avait rien à voir avec celui des vendeurs ambulants londoniens, la vue du plat et son odeur leur rappelaient un morceau de leur pays.

Julia s'était vêtue d'un pantalon en lin vert kaki et d'un pull en laine de Mohaire car elle avait un peu froid dans cette lande allemande. L'été touchait à sa fin et, d'ailleurs, les écoliers allemands avaient repris la route de l'école quelques jours plus tôt.

Dulcey quant à lui avait passé un pantalon de smocking bleu nuit et une chemisette assortie. Il avait la mine fatiguée et le regard un peu éteint. La bière brune qu'on leur apporta fit briller l'éclat des yeux du collègue de miss Wenger comme si l'alcool venait de rallumer le bel homme qui servait si bien le bureau du Procureur Général de la Couronne.

- Qu'as-tu ? lui demanda Julia tandis que le serveur leur déposa un panier de frites dont l'odeur à elle seule rappela à la jeune femme ses dîners dans des pubs londoniens à l'aspect extérieur épouvantable mais à la cuisine excellente.
- Je pense que tu devrais rentrer à Londres, lui répondit Dulcey en avalant une bouchée de son poisson au poulet.
- Je te demande pardon ? souffla la jeune femme, sidérée.
- Oui. Je crois que tu en a assez vu ici... L'autre joue tu es partie en courant aux toilettes et je sais ce que tu y as fait... Tu es entrain de tomber malade de ce procès Julia et ta santé mentale va commencer à en être affectée.
- Mais non Ron ! je t'assure ! tout va bien !
- Alors pourquoi t'entends-je parfois hurler la nuit dans ta chambre ? Mon lit et le tiens ne sont séparés que par un mur aussi épais que du papier à cigarette. Tu manges de moins en moins et reviens de plus en plus énervée de la prison... Non Julia, tu devrais passer le relais...

Dulcey n'avait pas tort et la jeune femme le savait.

Oui, elle faisait d'effroyables cauchemars qui, toutes les nuits, empêchaient son cerveau de se reposer.

Oui, elle n'avait pas faim de nourriture terrestre mais de Justice.

Non elle n'avait plus soif comme avant. Le seul liquide dont elle voulait se repaître se nommait pendaison pour toutes ces criminelles.

- Je ne peux pas Ron, répondit doucement en Julia en avalant péniblement un bout de sa tourte. Je me suis investie et...
- Trop investie miss Wenger, lui rétorqua Dulcey. Ta chambre reste allumée jusqu'à pas d'heure. Le matin tu arrives toujours à des heures impossibles... Julia lâche prise avec ce procès, oublie tout ça et rentre à Londres...

La jeune femme explosa de rire – ce qui passa totalement inaperçu dans le mess attendu que l'on y riait en mangeant, buvant et fumant, ce qui fit se renfrogner Ronald.

- Tu es sérieux ? Oublier ? Mais comment peut-on oublier ? Le jour ou j'aurai des enfants, je leur parlerai de tout cela, de ce que des monstres ont fait a de pauvres personnes au nom de leur différence. Et je ferai en sorte de transmettre ce devoir de mémoire à toutes les générations que je pourrai atteindre ! J'irai raconter dans les écoles, parler dans des conférences et écrire dans des journaux. Tu as vu comment ils ont été accueillis à la libération ? Personne ne voulaient d'eux[6].

---

[6] Une phrase est symbolique dans « *La Liste de Schindler* ». En effet, le soldat qui libère officiellement le camp des « juifs de Schindler » dit aux anciens prisonniers : « n'allez pas à l'Est on ne veut pas de vous... Ni à l'Ouest car là-bas non plus on ne veut pas de vous ».

Moi je veux leurs témoignages ! je veux qu'ils me parlent et je veux faire condamner ces abominables femmes dont jamais je n'aurais imaginé l'existence. C'est ma mission Ron et j'irai jusqu'au bout !

Dulcey comprit qu'elle n'en démordrait pas. Quelque part, il savait que la jeune femme n'en ferait rien et resterait jusqu'au bout. Mais, malheureusement, il veillait sur elle comme un ami et la voir ainsi pâle, amaigrie et si stricte dans ses tenues noires impécables lui faisait mal au cœur.

Le regard glacé que sa jeune collègue avait de plus en plus souvent l'inquiétait aussi.

Sans se l'avouer Ronald était amoureux de Julia, c'était l'évidence même, mais, à défaut d'avoir son cœur, il aurait son amitié, cadeau tout aussi précieux.

Ils parlèrent d'aures chose en mangeant leurs plats qui avait le goût de l'huile et du poisson trop cuit et commandèrent un pudding au chocolat nappé de crème anglaise.

« Il faut que je rencontre Stanislawa Starostka demain, annonça sobrement Julia.

- La sulfureuse « stanie », répondit Ronald en engloutissant une belle bouchée de gâteau.
- Oui et je ne sais même pas à quoi elle ressemble ![7]Autant j'ai des photos pour les autres…

Il est important de préciser qu'après leur de déportation, nombre de Juifs sont partis vivre en Israël car ils n'ont reçu ni l'accueil, ni l'aide, ni l'écoute dont ils avaient besoin…

[7] On ne dispose, à ce jour, d'aucune photo d'elle.

- Tu sais, je ne sais même pas si tu as besoin de la rencontrer, la coupa Ron.
- Pourquoi ?
- Tu as assez de témoignages contre elle il me semble. Limite tes visites à la prison pour celles sur qui tu as des doutes. Les autres, laisse les se débrouiller le jour du procès.
- Mais Ronald ! s'exclama presque choquée Julia, il faut bien que quelqu'un les voit et les auditionne !
- Pas si tu as assez d'éléments à charge. J'ai vu passer le dossier de notre amie… Ce n'est pas du joli et tu as plus de trente témoins à charge ! le procès commence dans moins d'un mois, tu devrais faire un choix dans les interrogatoires que tu vas mener.

D'un certain côté, Ronald avait raison : il lui restait beaucoup à faire. Elle devait retranscrire les auditions et en faire un rapport puis demander une peine au nom de la Couronne. Elle devait ensuite rapprocher les témoignages des bonnes accusées et vérifier, à chaque fois, ce qui était pertinent et ne l'était pas.

Le procès s'ouvrirait le 17 Septembre et devait durer 60 jours. Il restait moins de trente jours à Julia pour boucler ses réquisitions et, pour une fois, elle dû admettre que Dulcey était dans le vrai.

« Que sais-tu de Stanie ? reprit son collègue.

- C'était une libraire de Pologne arrêtée par la Gestapo le 13 Janvier 1940 pour sa participation active dans la résistance polonaise. Elle a été condamnée à mort en première instance avant de voir sa peine comutée en emprisonnement dans un camp d'internement pour le restant de ses jours.

- Et en quoi son témoignage t'aiderait à la faire condamner ? Continua Ron.

Julia se rappela que Stanislawa avait été nommée cheffe de block à Auscwhitz du fait qu'elle parlait allemand. Elle avait été mise à la tête de la baraque d'arrivée des détenues pour servir d'interprète et leur expliquer les règles du camp.

- Pas grand-chose... Elle a contracté le typhus en 1943 et a été transférée à Bergen-Belsen en Janvier 1945. Elle y a récupéré son poste...
- Et je te rappelle que certaines détenues ont témoigné en sa faveur...
- Oui, d'ailleurs, « Stanie » est un surnom affectueux.
- Donc, en conclusion, si tu vas la voir demain que va-t-elle te dire ?
- Que c'est une déportée comme les autres qui a fait ça car elle n'avait pas le choix et qu'elle n'a jamais frappé personne... Je lui dirai que j'ai des témoignages et elle me répondra qu'elle devait le faire sinon elle aurait été reléguée au rang de simple prisonnière... Et qu'en prime certaines déportées ont déposé à sa décharge...
- Voilà miss Wenger... lui sourit Ronald en lui faisant un clin d'œil.

Il venait de gagner la partie et Julia comprit que ce grand échalas avait raison. Elle allait perdre son temps en allant interroger la blockowa car, de toute façon, elle ne pourrait pas demander plus de dix ans de prison. Ne valait-il mieux pas se concentrer sur les criminelles SS que sur une droit commun, résistante de surcroît ? La réponse tombait sous le sens.

- Bon... Et qui me préconisez-vous d'aller voir Mister Ronald Thomas Dulcey ?
- Klara Opitz... On a rien contre elle. Anna Hempel et Gertrud Fiest sont aussi à voir absolument. Pour ces deux dernières il nous faut une condamnation à deux chiffres.
- Tu l'auras Ron, tu peux compter sur moi, lui sourit la jeune femme qui se sentait soudain apaisée comme cela ne lui était pas arrivé depuis le temps. »

23

A quarante-cinq ans, Anna Hempel avait le
visage doux et les traits encore fins. Rien à voir avec
certaines de ses compagnes à la mine patibulaire ou au
visage masculin.
Un tout petit plus grande que Julia, l'allemande avait
les yeux emplis de bonté et de bienveillance à tel point
que miss Wenger crut qu'il y avait erreur.
Cette femme inspirait la sympathie et, pour être
honnête avec elle-même, Julia dû reconnaître qu'elle
ne voyait pas cette Silésienne de naissance frapper
quiconque et encore moins des femmes.
On était le 25 Août 1945 et une pluie froide tombait
d'un ciel gris et triste. Des rafales de vents venaient
finir leur course folle contre les vitres des fenêtres de
la salle d'interrogatoire faisant par moment trembler
celles-ci.
Julia avait demandé au Tommy de brancher le
chauffage et d'allumer la lumière de cette pièce froide
et mal éclairée. La jeune anglaise avait passé un gros
pull noir tant la fraîcheur matitunale l'avait glacée à
peine un pied franchit de son hôtel.
« Bonjour Frau Hempel. Je suis Julia Wenger,
assistante du Procureur Général de la Couronne et j'ai
en charge votre mise en accusation.
-   Je sais… Gert m'en a parlée.
-   Gert ?
-   Oui, Gertrud Sauer, ma compagne de cellule,
    répondit l'autre de sa voix douce. Nous sommes
    amies depuis notre incarcération et je l'aide à

surmonter le manque qu'elle a de son époux et de ses enfants. Ce que nous avons fait n'est pas bien et je suis aussi repentante qu'elle. Je vous dirai tout ce que vous voulez savoir.

Julia fut presque touchée par le discours de Hempel. Mais que m'arrive-t-il ? s'interrogea la jeune femme. Pourquoi deviens-je empathique en ce moment ?

- Alors je vous écoute… Dites-moi ce que vous souhaitez et je vous poserai des questions si j'en ai le besoin. Cela vous va ?

Anna hocha la tête et miss Wenger décapuchonna son stylo-plume en prenant une page vierge de son éternel calepin.

- Je m'appelle Anna Hempel et je suis née le 22 Juin 1900 à Grunberg en Silésie. J'ai passé une enfance heureuse entourée de mes trois frères et deux sœurs et ai trouvé un emploi à mes quatorze ans dans une usine textile à côté de chez mes parents.

« Papa était invalide depuis la Grande Guerre et la misérable pension que lui servait l'Etat ne suffisait plus à vivre. Maman a dû trouver un emploi et c'est dans cette usine qu'on lui en a proposé un en 1925. Un poste de femme de ménage.

« En 1914, j'ai arrêté l'école et suis partie rejoindre maman à l'usine car papa était atteint d'une pleurésie et il fallait payer les soins, les médicaments, les médecins. Mes trois frères, qui étaient mineurs, ont trouvé de leur côté un emploi agricole.

« Quoiqu'il en soit, jusqu'en 1944 je suis restée à l'usine textile comme ouvrière non qualifiée. J'étais aux finitions car mes petites mains me permettaient un travail de délicatesse et de soin.

« Mon usine a décidé d'accueillir des ouvrières juives et on a dit qu'il faudrait des contremaîtresses pour les encadrer.

« Papa était de plus en plus malade et nous manquions d'argent pour le faire mieux soigner alors j'ai accepté car la paie promise dépassait les 150 Reichmarks. Une vraie fortune pour un salaire de femme pendant la guerre.

« On m'a alors envoyée trois semaines à Ravensbruck pour y être formée. J'étais toute contente à l'idée d'avoir un nouveau poste avec des responsabilités et heureuse de pouvoir m'évader un peu de ma Silésie natale !

« J'ai été stupide. Bête. Idiote… Ce que vous voulez… Lorsque j'ai vu qu'il ne s'agissait pas d'encadrer des ouvrières mais de faire trimer à la mort de pauvres femmes, j'ai demandé à rentrer à Grunberg ce qui m'a été refusé. On m'a alors clairement dit que j'avais signé un contrat et que je ne pouvais plus revenir en arrière sans être sanctionnée : en refusant de servir le Reich, je comettais un crime de trahison et étais passible de prison.

« Lâchement, je me suis tue et me suis fondue dans la masse. Cette formation m'a rendue littérallement malade et, lorsque je suis retournée à mon usine, j'ai mis presque un mois à m'en remettre… Mon médecin de famille, le bon docteur Rheinold, m'a prescrit de la valériane pour m'aider à calmer mes nerfs.

« De Juin 1944 à début Février 1945 j'ai encadré ces femmes en me taisant mais jamais, je le jure sur la tête de papa, ne les ai frappées.

« Je suis contre cette violence, contre cette haine, contre cette barberie inhumaine et cruelle. Je respecte la différence et ne supporte pas l'idée que l'on puisse faire du mal à un autre car il n'est pas pareil.

« Mon frère a eu un enfant mongolien. Jamais je ne pourrai supporter qu'on lui fasse du mal… Et pourtant, vous et moi savons comment le Reich traitait les handicapés !

« J'ai été évacuée à Bergen-Belsen où je suis arrivée le 17 Février 1945. J'ai eu beaucoup de chance car j'ai attrapé le typhus. J'aurais voulu mourir de cette saloperie pour expier ma faute mais j'ai été transférée à l'hôpital militaire du camp où les médecins avaient tout ce qu'il fallait pour nous remettre sur pieds…

« J'ai survécu et ai été affectée au Kommando de surveillance de l'épluchage des pommes de terre durant trois jours… Et vous êtes arrivés.

« Vous remarquerez aussi que je n'ai pas lâchement pris mes jambes à mon cou comme les autres… Je suis restée et ai attendu que vous m'arrêtiez. Je suis coupable, punissez-moi… La seule chose que je vous demanderai sera, le jour ou cela arrivera, de pouvoir assister à l'enterrement de mon père. Dans sa dernière lettre, maman m'a expliquée qu'il avait attrapé une pneumopathie bilatérale… J'ai peur que cette dernière lui soit fatale… »

Anna Hempel explosa en larmes. Julia se retînt de lui dire une parole douce pour la rassérener. L'allemande lui avait livrée sa vie simplement et naturellement sans jamais mentir…

Julia appela un Tommy pour faire raccompagner Hempel avant de sortir de la salle d'interrogatoire. Elle avait besoin d'air mais, avant, devait passer au toilettes.

A peine eut-elle fermée la porte de ces dernières que miss Wenger explosa en larmes.

Larmes de pitié pour Anna Hempel et de colère envers elle-même d'avoir été aussi touchée par l'histoire de cette banale allemande devenue gardienne dans un camp de concentration.

24

Il fallut une bonne heure à Julia pour se calmer et qu'enfin les larmes se tarissent. La jeune femme avait été submergée par une vague de pitié mêlée à de la colère. A quoi bon continuer d'écouter ? Pourquoi chercher à percer le secret de toutes ces femmes ?

Miss Wenger venait enfin de comprendre que ces gardiennes avaient été monstrueuses de manière identique à deux ou trois exceptions près et qu'il n'y avait aucune logique, aucun point commun, rien qui ne puisse justifier la naissance de ces diaboliques femmes. Ce constat affligeait Julia au-delà du raisonnable. Cela remettait en question sa foi même en l'humanité et sa confiance en l'être humain.

Ainsi, si l'on demandait à quelqu'un de frapper autrui contre un bon salaire, il le faisait ? Si on ordonnait à des mères de battre comme plâtre une autre maman sous prétexte qu'elle était juive, le feraient-elles aussi?

« Ca va miss ? demanda un Tommy alors que Julia retournait en salle d'interrogatoire.

- Oui… Merci… Mister…
- Thomas. Mon prénom est Thomas lui sourit le militaire blond comme les blés.
- Merci Thomas. Pouvez-vous demander à ce que Klara Opitz me soit présentée ?
- Comme je vous l'ai dit le premier jour miss Wenger, vous devriez arrêter de rencontrer toutes ces femmes. Ce sont des monstres… Alors que vous êtes tout le contraire.

La jeune femme reconnu alors le Tommy qui, le premier jour, lui avait fait signer le registre d'accueil et l'avait mise en garde.

- Je sais… Mais quelqu'un doit bien faire le sale boulot !
- Oui mais pas une femme aussi charmante que vous.

Miss Wenger sourit au compliment et regarda le militaire comme si elle le découvrait pour la première fois. Elle le trouva charmant et la douceur de son regard lui fit oublier un peu ses tristes pensées.

« Vous savez, reprit le Tommy en escortant miss Wenger, le sœur de mon compagnon est comme vous : elle veut faire sa forte mais en réalité elle est fragile… Vous me faites penser à elle. Si mon homme était là, il vous engueulerait !

- Oui mais il n'est pas là et vous ne lui en direz rien n'est-ce pas ? parvint-elle à sourire, la franchise et la fraîcheur de Thomas étant contagieuses. Je ne voudrais pas tomber sur vous deux à Londres et me faire crier dessus en pleine rue !
- Oh miss ! se mit à rire le Tommy, vous êtes vraiment surprenante. Je… Enfin…

Julia s'arrêta et regarda le jeune homme.

- Ne vous inquiétez pas, lui répondit-elle, pour votre liaison je ne dirai rien.
- Oh ça, je m'en moque… Non… Quand vous rentrerez à Londres, pourrez-vous aller voir Axel ? J'ai eu instinctivement confiance en vous. Cela va faire un mois que je suis ici et je n'ai pu

rentrer qu'une fois. Je dois repartir en Décembre, un peu après la fin du procès quand on saura ce que l'on fait des criminels enfermés ici. Pourrez-vous allez lui dire que tout va bien ?

- Bien sûr... Ca lui changera du téléphone et des courriers...

- Miss, se mit à rigoler à nouveau Thomas, est-ce que j'ai une tête à écrire des courriers ? ».

Pour la première fois depuis quelques temps, Julia fut prise d'un fou-rire qui ne s'arrêta que lorsqu'elle pénétra dans la salle d'interrogatoire. Rien qu'en voyant la tête d'Opitz, la jeune femme devina qu'elle avait affaire à une bête...

*

La mine patibulaire de Klara Opitz n'était pas engageante. Née en Silésie en 1909, cette dernière était entrée dans la SS en Octobre 1944.

« Je n'ai rien à vous dire, attaqua la femme qui ressemblait plus à une matronne qu'à une trentenaire. Je suis arrivée cinq jours avant votre arrivée. Je ne sais rien, n'ai rien vu et rien fait.

- Bonjour Fraulein Opitz, répondit Julia en s'asseyant. Moi j'ai des questions à vous poser.

- Ah ouais ? ricana lugubrement l'autre. Vous voulez savoir quoi ? Si j'ai tué des juives ? Si j'ai battu des prisonnières ? Que dalle. Je ne vous dirai rien... D'façon vous voulez des coupables alors vous ferez tout pour nous charger au maximum...

- Mais qui vous a raconté ça ?
- Irma Grese et Elizabeth Volkenrath. Elles racontent que vous voulez toutes nous pendre alors il faut qu'on la boucle... Pour éviter de finir à la potence !

Julia en aurait ri si le discours de l'autre n'avait pas été aussi pathétique. Toutes les pendre ? Certainement pas. Grese et Volkenrath risquaient fortement d'être condamnées à mort mais Julia n'était pas dans l'optique de mettre toutes ces femmes dans le même panier.

Miss Wenger comprit alors que les deux SS racontaient cela aux plus faibles d'esprit afin qu'elles se taisent et ne racontent rien qui puisse les incriminer et alourdir les charges contre elles.

- Non Fraulein Opitz. Je veux la vérité et, honnêtement, je sais qu'en cinq jours vous n'avez rien pu faire de grave car, à votre arrivée, vous avez eu trois jours de repos. Ce qui fait que vous n'avez servie dans ce camp que deux jours. Ai-je raison ?
- Oui... Vous... Vous me troublez, dit l'autre en allumant une cigarette roulée. Je... Enfin elles nous ont dit que vous mentiez pour nous faire dire des choses...
- Mais non allons ! je représente la justice Klara. Jamais je ne ferai cela... Pourquoi vous demandent-elles de vous taire ? Car vous avez vu des choses c'est ça ?

L'autre baissa les yeux. Julia se leva et s'acccroupit devant la disgracieuse ancienne sentinelle. Elle lui leva le menton doucement et plongea son regard dans celui de l'allemande.

« Vous pouvez me parler, dit l'anglaise d'une voix douce. Je n'ai rien contre vous. Je sais juste que vous avez été affectée à la cuisine du block 9. Je n'ai aucun témoin à charge contre vous…

- Vrai ? demanda l'autre.
- Oui, je vous le jure.

C'était la réalité. Le dossier Opitz était vide et la SS avait été arrêtée car elle se trouvait à Bergen-Belsen au moment de l'entrer des troupes de Montgomery. Ce dernier avait fait incarcerer tout les gardiens – hommes et femmes, et laisser la Couronne s'occuper de la « partie » justice ce qui justifiait ces détentions préventives.

- Je… Je n'ai jamais rien fait, je vous le jure. Je n'ai jamais frappé qui que ce soit ! Je laissais les déportées manger ce qu'elles voulaient quand d'autres SS n'étaient pas dans la cuisine.
- Qui vous surveillait ?
- Il y a avait la cadette des Forster qui tapait sur tout ce qui bougeait et allait dans une pièce à côté pour frapper les voleuses… Et une kapo infâme qui passait son temps à aller raconter à Volkenrath que je n'étais pas assez sévère. Elle s'appelait Kopper. Une fois, elle est venue avec Grese. Cette dernière a décidé de punir trois femmes accusées d'avoir mangé des épluchures de patates… Elle leur a mis une balle dans la tête chacune…

Opitz explosa en larmes. Elle venait de revivre l'effroyable scène dont elle avait été témoin et avait vidé son sac en dénonçant les méfaits de ses collègues. Julia avait tendance à la croire mais ne serait-ce pas encore la fameuse technique de ces gardiennes qui consistait à s'accuser mutuellement ?

- Vous m'autorisez à utiliser votre témoignage au procès ?
- Mais elles vont me tuer ! non ! pitié ! elles sont cruelles et vicieuses ! ne dites rien !

Miss Wenger retira ses lunettes et regarda Klara Opitz. La mine défaite, les yeux saturés de larmes, il ne restait rien de la femme rude du début de l'entretien.

- Je vais vous faire tranférer ailleurs.
- Oui mais après ?
- Après quoi ? Le procès ?
- Oui… Si nous sommes au même endroit ? Dans la même prison ?
- Je vous jure qu'il n'en sera rien. Je vous le promets.

L'autre fixa Julia d'un air hésitant.

- Vous allez demandé de la prison pour moi ?
- Je ne pense pas, répondit honnêtement miss Wenger. Mais si tel était le cas, je vous jure solennellement que vous purgerez votre peine loin de ces tortionnaires. »

Opitz hocha alors la tête et donna son feu vert. En sortant de la salle d'interrogatoire, Julia se promit de tenir parole. Elle alla trouver directement le directeur de la prison et lui demanda un transfert qui fut autorisé immédiatement. Si jamais il y avait une fuite, Julia saurait d'où elle viendrait et le directeur lui promis qu'il garderait le secret car il connaissait de réputation miss Wenger et savait qu'elle n'hésiterait pas à le poursuivre s'il ne tenait pas sa langue.

25

Coiffé de la traditionnelle perruque blanche poudrée et de sa robe noire d'avocat du ministère public, Ronald avait l'air solennel, impression renforcée par sa mine austère.

Cette dernière disparue lorsqu'il vit Julia qui était assise derrière son bureau en train de travailler avec une sorte de passion penchée sur une pile de dossiers.

« Encore le nez là-dedans ? lui demanda Dulcey en fermant la porte.

- Ronald ! tu m'as fait peur ! sursauta la jeune femme. Tu pourrais prévenir !

Dehors, la nuit était tombée depuis longtemps mais Julia ne s'en était pas rendue compte tant elle était plongée dans les témoignages contre Irma Grese, Joana Bormann et Elisabeth Volkenrath.

Ajouté à cela le témoignage d'Opitz, les charges contre les trois anciennes gardiennes étaient plus que lourdes et la jeune femme allait demander la peine capitale.

Ron ota sa perruque et sa robe d'avocat avant de s'asseoir derrière son bureau et de se servir un whisky en allumant une cigarette.

« Dure journée ? lui demanda miss Wenger en relevant la tête.

- Oui, j'ai dû plaider pour la Couronne. Il a fallu que je demande une injonction au tribunal pour pouvoir perquisitionner le domicile de Kramer.
- Qu'espères-tu trouver ?
- Tout ce qui prouvera que ce type est un nazi convaincu et pas seulement une pauvre victime

du système comme il le prétend. Soit disant qu'il ne savait pas où étaient menés les juifs après une sélection...

- Il se moque de toi comme certaines de mes détenues. Je vais rendre mais conclusions demain. J'ai finis d'interroger toutes ces femmes.
- Ah ! enfin ! tu rentres à Londres ?
- Oui, dans quelques jours... J'ai presque finie mon dernier témoignage.
- Qui est-ce ?
- Gestrud Fiest...

Julia raconta alors à son collègue que la SS était arrivée fin Février 1945 à Bergen-Belsen et n'avait pas servie longtemps au sein du camp. Elle était chargées de plusieurs missions de surveillance dans ce dernier mais n'avait jamais levé la main sur quiconque à ce qu'elle disait.

Miss Wenger n'avait aucun témoin à charge pour Fiest mais cette dernière s'était montrée plus que peu conciliante et coopérative lors de son entrevue avec Julia. D'ailleurs, elle avait révélé à cette dernière qu'elle avait porté fièrement l'habit de gardienne.

- Ferme tout ça pour ce soir, lui dit doucement Ronald en buvant dans son verre. Demain il fera jour et tu y verras plus clair.
- Mais j'y vois clair ! lui sourit la jeune femme. J'ai simplement beaucoup de mal à me dire que je vais plaider la peine capitale à l'encontre de femmes.

Ron pinça ses lèvres et hocha la tête. Il comprenait le sentiment de sa jeune collègue car demander la mort pour un homme était quelque chose de douloureux pour lui aussi. Mais pour une femme… En presque vingt ans de carrière, cela ne lui était jamais arrivé.

- Et si tu les condamnais à la prison à vie ? demanda Dulcey.
- Non… Ce serait trop injuste au vu des crimes commis… Elles ont battu, assassiné et envoyé à la chambre à gaz un nombre inimaginable de femmes et d'enfants. Je me vois mal dire aux familles « désolée mais je ne peux pas les faire pendre ».
- Tu veux venger les mortes ?
- Non. Je veux la justice. Je veux pouvoir me regarder dans la glace le matin et me dire que je ne suis pas aussi stupide que ces horribles femmes le croient. Je veux être droite dans mes bottes et qu'à l'avenir on se rappelle que, pour ce genre de crime, la justice n'hésite pas pendre haut et court les bourreaux qu'ils soient hommes ou femmes.

Au regard que la jeune femme avait Ron comprit que miss Wenger ne changerait pas d'opinion même si cela lui coutait d'envoyer des femmes à la potence.

Mais étaient-ce encore des femmes ? Dulcey en doutait lorsqu'il voyait les photos de ces bêtes qu'on osait encore appeler « Madame » ou « Mademoiselle ».

- Tu auras la justice Julia, ne t'inquiète pas. Et tu ne retourneras plus à Celle voir ces…

Au même instant, on frappa à la porte et Julia alla ouvrir. Elle se retrouva face à face avec Thomas qui lui apportait une lettre. Comme promis, elle lui dit qu'elle irait voir Axel à son retour à Londres et lui transmettrait bien naturellement le message de son compagnon stationné en Allemagne jusqu'à quelques jours avant Noël.

« Un billet doux ? Taquina Ronald.

- Ronald Thomas Dulcey tu es un imbécile à dire des sottises pareilles, lui répondit doucement Julia en rangeant précieusement la lettre du Tommy.

- Oulala ! ai-je touché un point sensible ? Il s'appelle comment ?

- Il s'appelle Thomas, répondit évasivement la jeune femme en commençant à ranger ces dossiers. Il est mobilisé à la prison de Celle.

- Et bien ! ça roucoule on dirait ! il a parfumé sa lettre ?

Julia se leva et se dirigea vers Ron, des éclairs dans les yeux. Elle posa ses paumes sur le bureau et se pencha vers son collègue et ami avec une moue sarcastique.

- Je te répète Ronald Thomas Dulcey que tu es un idiot. Si il y a quelqu'un qui pourrait interesser mon ami Thomas dans cette pièce ce n'est pas moi».

Julia lui fit un clin d'œil et retourna ranger ces dossiers tandis que Dulcey, le regard interrogateur, cherchait qui d'autre était présent dans la pièce et susceptible de séduire le jeune Tommy.

26

« En conclusion et pour tous ces motifs en ce jour du 29 Août 1945, nous Julia Wenger, substitut du Procureur Général de la Couronne, assistée de Vera Bradley, greffière près du Ministère Public demandons à ce que soient condamnées aux motifs de crime contre l'humanité et de violation de la convention de Genève relative au traitement des prisonniers politiques à :

- *La peine capitale par pendaison pour les détenues Irma Grese, Joana Bormann et Elizabeth Volkenrath pour leur participation active aux tueries et massacres – par asphyxie au gaz, de dizaines de milliers de victimes.*

- *La réclusion criminelle pour une période de quinze années des prévenues Herta Ehlert et Helena Kopper pour leur participation active aux mauvais traitements des prisonniers.*

- *La réclusion criminelle pour une période de dix années pour les prévenues Herta Bothe, Irene Haschke, Anna Hempel, Johanne Rothe, Ilse Forster, Hilde Lohbauer, Stanislawa Starostka (dite « Stanie ») et Gertrud Sauer pour leur partication active aux mauvais traitements des détenues.*

- *La réclusion criminelle pour une période de cinq années contre la prévenue Gertrud Fiest pour sa participation active – mais atténuée par sa volonté réelle d'expiation, aux mauvais traitements des détenues.*

- La réclusion criminelle pour une période de trois années pour la détenue Frieda Walter pour sa participation passive aux mauvais traitements des victimes.

- La réclusion criminelle pour une période de un an pour la prévenue Hilde Liesewitz contre laquelle les charges sont inexistantes mais les soupçons forts et qui a participé, dans tous les cas, à une collaboration passive avec sa hiérarchie.

Il est demandé à Messieurs les présidents du tribunal qu'une peine de sûreté au moins égale à la moitié des condamnations sans possibilité de libération anticipée soit appliquée en sus des peines demandées.

Dans l'intérêt de la Justice et faute de preuves à charges suffisantes, il est demandé au tribunal de relaxer les prévenues Ilse Lothe, Ida Forster, Klara Opitz et Charlotte Klein.[8]

Et sous toutes réserves.

---

[8] Ces peines et relaxes sont les vraies qui ont été infligées lors du procès de Belsen.

Ce sera Justice.

Miss Julia Wenger
Substitut du Procureur Général de la Couronne »

Epilogue

Londres, 24 Décembre 1945.

Julia Wenger venait de raccrocher après une longue conversation téléphonique avec le Procureur Général de la Couronne. Ce dernier venait de la féliciter en personne pour son travail exemplaire sur le procès de Bergen-Belsen. La jeune femme avait obtenu, au nom du peuple, des condamnations exemplaires et toutes ses réquisitions avaient été suivies à la lettre par les juges.

Bormann, Grese et Volkenrath avaient éte pendues le 13 Décembre 1945 pour leurs crimes. Les autres purgeaient les peines demandées par miss Wenger et celles relaxées vivraient le reste de leurs jours avec les images des atrocités qu'elles avaient vues – et peut-être commises, le doute subsistant.

Ron Wesley était rentré plus d'un mois auparavant mais la jeune femme ne l'avait vu qu'une fois lorsqu'il était venu lui rendre visite chez elle, inquiet de ne plus la voir au bureau et encore plus effrayé lorsqu'il avait appris qu'elle était en congé maladie.

Aurait-elle contracté le typhus ? n'avait-il pu s'empêcher de se demander en courant presque comme un dératé sur les trottoirs londoniens afin de se rendre chez sa collègue.

Julia se leva et regarda à travers la fenêtre de sa chambre donnant sur la Tamise. Il neigeait et l'air sentait la Nativité que l'on célébrerait ce soir. D'ailleurs, la jeune femme devait accélérer la cadence sinon elle ne serait jamais à l'heure chez ses parents qui habitaient Hyde Park Corner à l'autre bout de la ville.

Elle prendrait un taxi pour s'y rendre, elle ne se sentait pas la force d'y aller en métro et encore moins à pieds comme elle le faisait avant…

Julia prit une douche bien chaude et se rappela son retour à Londres début Septembre.

Elle s'était sentit incroyablement en vie alors et avait décidé de mettre sa carrière au service du bureau du Procureur Général de la Couronne entre parenthèses.

A quoi servait la Justice ? Telle était la question qu'elle s'était posée. Interroger des personnes, faire des réquisitoires, gagner ou perdre mais après?

Jamais plus elle n'entendrait parler de Bergen-Belsen, de cette maudite plaine du Luneburg coincée entre les vents marins d'Hanovre et de Hambourg.

Elle avait alors demandé un congé qui lui avait été accordé très facilement du fait de la lourdeur du dossier qu'elle venait de boucler.

Julia avait alors décidé de se consacrer à l'aide aux victimes de crimes de guerre car il y aurait d'autres procès, d'autres demandes, d'autres horreurs et désormais la jeune femme voulait servir ceux qui avaient soufferts, pas représenter un peuple - au nom du ministère public, dont la majorité ignorait la réalité des camps de la mort.

Elle avait constaté qu'à Londres, très peu de gens connaissaient le triste sort des déportés et ces derniers vivaient dans le silence. Julia avait pris la décision de les aider à se reconstruire en se libérant par la parole. En mettant des mots sur les maux.

La jeune femme sortit de la douche et s'habilla en touchant son ventre un peu arrondi. Elle n'était enceinte que de quatre mois mais, chez cette petite femme au corps fin, cela sautait aux yeux.

Dulcey ne s'y était pas trompé : il avait bien vu que la jeune femme dégageait ce « on ne savait quoi » que portent les femmes attendant la vie. Son odeur avait changé aussi, un peu plus sucrée, signe qu'un enfant grandissait dans son ventre.

Julia avait confirmé sans rougir. Oui elle portait son enfant mais ne lui demanderait jamais rien et n'en parlerait à personne. On était après-guerre et nombre de femmes attendaient des enfants sans qu'un père ne soit présent. D'ailleurs, il paraissait tout à fait légitime que les gens aient envie de célébrer la vie sous tous ses aspects ! N'avaient-ils donc pas tous souffert de la faim, des privations et des raids aériens ?

Ron était parti dans un mot, sachant que Julia ne lâcherait rien et garderait l'enfant.

Ses parents n'avaient rien demandé, juste accueilli la nouvelle avec un sourire tant ils savaient leur fille droite et honnête, n'étant pas du genre à coucher avec le premier venu pour se faire engrosser.

Si elle en était là, c'était que la chose avait été peut-être spontannée mais, au final, réfléchie.

Et à quiconque oserait reprocher à Julia de porter le fruit d'une rencontre furtive, la jeune femme savait ce qu'elle répondrait : elle avait conçu la vie dans un lieu où d'autres avaient semé la mort...

FIN DE LA Ve PARTIE

A Marne-La Vallée, le 15/02/2017

A paraître :

- <u>Le chant de l'Aigle</u> :

      ****** Martina (Janvier 2018)

- <u>La succession Von Gothel</u> :

      **** Les « larmes » de La Voisin (Mai 2017)

      ***** L'œil des Moires (Juillet 2018)

- <u>Les bourreaux du Diable</u>:

      *Le dragon de Birkenau (Juillet 2017)

      ***Aufseherinnen* : femmes, gardiennes et nazies (Septembre 2017)

      ***La Poupée (Novembre 2017)

      **** La Bête Féroce (Mars 2018)

      ***** La petite Lizie (Mai 2018)

- <u>Maréchal, nous voilà!</u>

      * Gueule tordue (Septembre 2018)

      ** Chef Touvier (Novembre 2018)